Michael Sachs

Sabbatpredigten zu den Wochenabschitten des fünften Buchs

Moses

Michael Sachs

Sabbatpredigten zu den Wochenabschitten des fünften Buchs Moses

ISBN/EAN: 9783743324268

Hergestellt in Europa, USA, Kanada, Australien, Japan

Cover: Foto ©Lupo / pixelio.de

Manufactured and distributed by brebook publishing software
(www.brebook.com)

Michael Sachs

Sabbatpredigten zu den Wochenabschitten des fünften Buchs

Moses

Sabbatpredigten

zu den

Wochenabschnitten des fünften Buches Moses

von

Dr. Michael Sachs.

Aus dessen schriftlichem Nachlaß herausgegeben

von

Dr. David Rosin.

Der Mund, der überfloß von Weisheit
und von Lehre,
Er bringt der Nachwelt noch des Segens
Füll' und Ehre.

(Sachs, Stimmen rc. S. 321).

Berlin,

Louis Gerschel Verlagsbuchhandlung.

1869.

Inhalt.

Predigten

von

Dr. Michael Sachs.

Aus dessen schriftlichem Nachlaß herausgegeben

von

Dr. David Rosin.

———

Zweiter Band.

Sabbatpredigten zum dritten, vierten und fünften Buche Moses.

Berlin,

Louis Gerschel Verlagsbuchhandlung.

1869.

Inhalt.

XLIII.

Einheit des religiösen Lebens.

פרשת דברים, שבת חזון.

אֵיכָה אֶשָּׂא לְבַדִּי טָרְחֲכֶם וּמַשַּׂאֲכֶם וְרִיבְכֶם „Wie soll ich allein ertragen eure Mühe, eure Last und euren Hader?"[1]) Mit diesen Worten, die wir in der eben gelesenen Paraschah vernommen, redet der göttliche Mann zu seinen Zeitgenossen, da er ihnen vor seinem Hinscheiden noch einmal das ganze Gemälde einer schweren prüfungsvollen wunderreichen Vergangenheit aufrollt. Er, den Gott ausgerüstet hatte mit seiner Kraft und auf den er gelegt hatte von seinem Geiste, — er mußte also sprechen zu Denen, die er getragen, die er geführt und geleitet mit unerschöpflicher Geduld, mit unermüdeter Hingebung; er, der immer „in den Riß getreten, abzuwenden Grimm und Verderben"[2]), — er konnte nicht Herr werden über all die Kleinlichkeiten und all den Zwist und all den Streit, der in der Mitte seines Volkes nie erlosch. Sie halfen ihm nicht leichter tragen das schwere bittere Geschäft, zu dem ihn Gott ersehen hatte, der geistige Ahn eines Volkes zu werden; sie ließen ihn nicht zu dem Genusse der Freude kommen, die doch die einzige und höchste für ihn sein mußte, die Freude, Frieden und selige Eintracht herschen zu sehen; sie vermochten es nicht, mit Ergebenheit und treuer Anhänglichkeit ihm, der ja nur ihr Bestes gewollt, zu folgen. In diesem — ich möchte sagen — verhängnißvollen ahnungsschweren אֵיכָה hören wir den ersten Schmerzenston, der aus dem Herzen des bedrängten göttlichen Mannes kam, aus dem aber auch all die Klagen und Seufzer, all das Elend und all die Noth, die Israel später getroffen, prophetisch bedeutsam uns entgegentönen.

---

[1]) 5. Mof. 1, 12. — [2]) Pf. 106, 2.

איכה היתה לזונה קריה נאמנה „Ach, wie ist sie abtrünnig gewor-
ben, die treue Stadt!"[1] ruft der andere Gottesmann, Jeschajahu,
indem er zu seinen Zeitgenossen redet und mit mächtigem Donner-
worte sich wendet an das Volk, an dem „von dem Fußballen bis zum
Haupte Nichts gesund ist und ganz, an dem das Haupt krank ist und
das Herz siech"[2], — indem er ihnen zeigt, wie Zijon verlassen sei,
wie es dastehe gleich einer Hütte im Weinberge, einsam und verlassen.
Und er, welcher eifert gegen jene Heiligkeit in Werken, denen aber
der innere fromme Sinn fehlet; der da ruft, daß Gott der Herr
nicht ertrage און ועצרה „Sündhaftigkeit und Festversammlung"[3], —
was würde er sprechen in unseren Tagen, wo alle Bande sich lösen,
wo ein Jeder hingehet in seinem Dünkel und in dem Gelüste seines
Herzens! Wahrlich, er hätte nicht Ursache zu eifern, daß man der Gebote zu viel halte und des frommen Sinnes zu wenig habe; er würde
Beides vermissen. Er würde nicht fragen: „Wenn ihr kommet, vor
Gottes Antlitz zu erscheinen, wer verlanget Solches von euch?"[4]
Denn das Gotteshaus stehet leer, und die es besuchen, sie besuchen
es eben nur; das Herz und das Gemüth hat sich entwöhnt, hier eine
Stätte frommer Erhebung zu suchen und zu finden; die leibliche Kost,
damit dieses Geschlecht genährt wird, macht es nicht mehr fähig, sich
nach der Himmelskost zu sehnen, wie jenes sinnliche Geschlecht der
Wüste von dem Manna sich wegsehnte zu den Fleischtöpfen Mizrajims.

Und an den Schmerzensruf des Ersten und an den Klageruf des Zweiten reihet sich der Klageruf eines Dritten, Jirmejahu,
an, die traurige Erfüllung des lange angedrohten Strafgerichtes ver-
kündend. Er rufet, er, der niemals froh geworden, weil Gott ihn
nur seines Grimmes erfüllt hatte: איכה ישבה בדד העיר רבתי עם
„Wie sitzet einsam die Stadt, die volkreiche!"[5] — משה ראה את
ישראל בכבדם ובשלוחם ואמר איכה אשא לבדי טרחכם, ישעיה ראה
אותם בפחזותם ואמר איכה היתה לזונה, ירמיה ראה אותם בניוולם ואמר
איכה ישבה „Moscheh, der Israel in Ehre und Wohlfahrt sah, rief:
Wie soll ich allein tragen eure Last! Jeschajah, der es der Entartung
leichtsinnig zueilen sah, rief: Wie ist abtrünnig geworden die treue
Stadt! Jirmejah, der es in seiner Erniedrigung schaute, er mußte
rufen: Wie sitzet einsam die volkreiche Stadt!"[6] — So stellten

---

[1] Jes. 1, 21. — [2] Das. B. 5. 6. — [3] Das. B. 13. — [4] Das. B. 12. —
[5] Kgl. 1, 1. — [6] Midrasch Echa Anfang.

ſchon unſere Alten in ihrer ſinnigen Auffaſſungsweiſe die drei von uns verbundenen Verſe zuſammen. —

Laſſet uns nun, meine andächtigen Freunde! von den eben vernommenen Klagen jener alten Seher über den Verfall des religiöſen Lebens, über den Mangel frommen Sinnes, göttlichen Wandels und echter ſittlicher Reinheit in ihrer Zeit auf uns ſelber übergehen, in uns ſelber einkehren und erwägen was uns noth thut! Wie viel von jenen Klagen iſt noch wahr? Und was müſſen wir thun, um ſie verſtummen zu machen? — Auf dieſe Fragen ſoll uns derjenige Prophet die Antwort geben, der das heranziehende Gewitter ſah und auf deſſen drohende Erſcheinung in tiefgefühltem Schmerze warnend hindeutete, — er, der es wünſchet, daß ſein Haupt ein Waſſerſtrom wäre und ſeine Augen ein Thränenquell, daß er Tag und Nacht weinen könnte über die Todten ſeines Volkes,[1] — der Mann, der ſelbſt das eingetretene Elend geſchaut, Jirmejahu. Er ſpricht aber alſo:

Jer. 32, 39.

ונתתי להם לב אחד ודרך אחד ליראה אותי כל הימים לטוב להם
ולבניהם אחריהם:

„Und ich werde ihnen geben Ein Herz und Einen Weg, mich zu fürchten alle Tage, zum Heile für ſie und ihre Kinder nach ihnen.“

Sehet, meine Freunde! das Wort Hoſchea's לכו ונשובה אל ה' כי הוא טרף וירפאנו יך ויחבשנו „Laſſet uns zurückkehren zu Gott; denn er verwundet und heilet uns, ſchlägt und legt den Verband an,“[2] das beſtätigt ſich durch die heilige Schrift ſo herrlich und troſtreich. Wo ſehen wir härtere Strafgerichte berichtet und verkündet als in ihr? Wo offenbaret ſich ein glühenderer Zorn, eine härtere Heimſuchung an dem ſündigen Geſchlechte, als in den Reden der Propheten? Und doch, wo ſäuſelt lieblicher der Odem eines liebenden Vaters der Menſchen gleich dem Wehen eines milden Frühlingshauches als in ihnen? Eben an den Stellen, wo die ſchrecklichſten Strafen verhängt werden, ſpricht ein tröſtendes Wort Beruhigung und Schonung; eben der Mund, durch welchen Gott die Zerſtörung der heiligen Stadt, die Verwüſtung des Gotteshauſes, die Zerſtreuung des Volkes verkündet hat, derſelbige kündet auch die Verheißung, daß das Volk wieder ſich erheben ſolle, und in jener Verheißung kommen auch unſere Textesworte vor. So laſſet uns denn, meine Freunde! dem

---

[1] Jer. 8, 23. — [2] Hoſ. 6, 1.

inhaltreichen Worte gesammelt und ernst nachdenken und den Ausspruch des Propheten nach seinen einzelnen Theilen erwägen. Die
Einheit der Gesinnung, die Einheit in unserem Streben, Einigkeit in
unseren höchsten und heiligsten Pflichten und das Heil, das uns daraus erwächst, — das sei unserer Betrachtung Gegenstand.

Du aber, o Herr, laß den Geist frommer gläubiger Fassung in
unserer Mitte walten! Amen.

I.

הכל בידי שמים חוץ מיראת שמים „Alles stehet in Gottes Hand,
nur nicht die Gottesfurcht"[1] ist ein treffendes Wort unserer alten
Weisen. So du nicht selber erfüllt bist von frommer Gesinnung,
so nicht in dir selber die Quelle göttlichen Lebens sich öffnet: vom
Himmel herab kann sie dir nicht kommen. Und so gewiß es ist, daß
Demjenigen, dessen höchste Sehnsucht das Göttliche ist, die Kraft sich
erhöhet und die Fülle des eigenen Lebens sich vermehrt: so gewiß ist
es auch, daß wer nicht selber will, in wem es sich nicht regt und
thätig arbeitet — daß der in einem wüsten Sinnentaumel dahingehet
wie ein Schlaftrunkener und von dannen gehet wie er gekommen.
Und doch spricht unser Texteswort davon, daß Gott geben wolle
dem wiedergeborenen Volke ein neues Herz; und doch betet der Psalmist aus zerknirschtem Gemüthe: לב טהור ברא לי אלהים ורוח נכון
חדש בקרבי „Ein reines Herz erschaffe mir, o Gott, und ein festes
Gemüth schaffe neu in meinem Innern!"[2] — Aber, meine Freunde!
es ist die Weise der Propheten, alle die großen Veränderungen in der
Welt und im Leben, an denen der Mensch und sein Wollen und sein
Streben doch auch seinen Antheil hat, unmittelbar auf Gott zurück-
zuführen, und je größer und bedeutsamer Dasjenige, was sich ereig-
net an uns und in uns, desto sichtbarer ist es Gottes Werk. Wenn
der fromme Psalmist tief gebeugt in sündigem Bewußtsein die selige
Ruhe der Unschuld in sich vermißt, so wendet er sich an Gott und
erbittet sie von ihm, und — meine Freunde! er muß sie dann erhalten und von Ihm gewinnen; denn eben sein höchster Schmerz ob
der verlorenen innern Seligkeit und sein Gefühl, nur durch Rückkehr
zu Gott könne sie erhalten werden, führt ihn wieder auf den verlas-
senen Weg. Und so sagt auch unser Text: „Ich werde geben";
denn Israel werde nach den verlorenen sittlichen Gütern verlangen,

---

[1] Berach. 33 b. — [2] Ps. 51, 12.

wenn es durch Leiden geprüft, seiner Sündhaftigkeit müde, sich wieder sehnen werde nach Gott ופחדו אל ה' ואל טיבו באחרית הימים
„und sie dem Ewigen und dem durch ihn gewährten Gute nacheilen
in der Zukunft der Tage" [1]).

Wenn also Gott nur Denen giebt, die wahrhaft sich sehnen zu
empfangen; wenn er nur Denen entgegenkommt, die ihm nahen;
wenn er nur Denen, die sich ihm wieder zuwenden, verheißt, was wir
eben gehört haben: so müssen es wohl Gaben sein, die von hoher
Bedeutung sind, Gaben, auch für uns wünschenswerth; und wahrlich,
meine Freunde! sie sind es und sie thun uns noth. —

ונתתי להם לב אחד „Und ich werde ihnen geben Ein
Herz." — Der herannahende Gedächtnißtag [2]) jenes großen schicksalsvollen Ereignisses, das über Israel verhängt worden war, der
Untergang seiner Gottesstadt und des Tempels, „dahin die Stämme
zogen, die Stämme Gottes, dem Namen des Herrn Preis zu singen" [3]), — er lenket unsern Sinn zurück in frühere Jahrhunderte
und fordert uns zur Betrachtung vergangener Zeiten auf. Das Wort
Gottes war ergangen an Zijon durch Seine Boten, die Propheten;
es sollte aufwecken die in sündigem Schlummer lagen, fröhnend
ihrer Lust, ihrem eignen Vortheil nachhängend, auf Gewinn trachtend. Es erging an die Engherzigen und Eigensüchtigen; es erging an
die Stolzen und Hochmüthigen, die da sprachen: ימהר יחישה מעשהו
למען נראה ותקרב ותבואה עצת קדוש ישראל ונדעה „Er beeile, beschleunige sein Werk, daß wir es sehen; es nahe und komme heran
der Rathschluß des Heiligen Israels, daß wir ihn erkennen" [4]); es
erging an Die, „welche Haus rückten an Haus und ein Feld an das
andere reiheten, עד אפס מקום bis keine Stätte mehr blieb" [5]), die
in dem weltlichen Treiben das Göttliche vergaßen, die die Lehre Gottes berachteten und das Wort des Heiligen Israels schmäheten; es
erging an die Führer und an die Hirten des Volkes, die es irre leiteten und seine Wege krümmten; es erging an die Priester und an
die Lügenredner, die da riefen: „Frieden, Frieden!" ach! und das
Schwert drang an das Leben. Und jener fromme Mann, den Gott
ausersehen hatte, daß er gleichsam der Todesbote an das Volk sei
und daß er an dem Grabe seiner Herrlichkeit weine, — er gehet hin
und mahnt und warnt. Und da er bei den Armen gewesen, und siehe!

---

[1]) Hos. 3, 5. — [2]) Der Fasttag תשעה באב. — [3]) Ps. 122, 4. —
[4]) Jes. 5, 19. — [5]) Das. V. 8.

sie sind nur bethört, weil sie nicht kennen das Recht Gottes: so gehet
er zu den Großen, denn die kennen ja das Recht und die Pflicht
gegen Gott; aber sie Alle haben zerbrochen das Joch, abgeworfen die
heiligsten Verpflichtungen der Religion, und haben zerrissen die Bande,
die Bande der Liebe und der Eintracht und des innigen brüderlichen
Zusammengehörens. [1]) Und der Tempel sank in Trümmer und die
Heiligthümer wurden vernichtet. Denn morsch geworden waren des
Tempels Säulen, der Wurm der Gottlosigkeit nagte an ihnen; und
der Glanz des Goldes war von Rost getrübt, vom Roste der Sünde
und der Abtrünnigkeit. Denn das Herz war siech und das Haupt
war krank. עקב הלב מכל ואנש הוא מי ידענו „Trügerisch war das
Herz vor Allem und siech: wer will's ergründen?" [2]) Und wo das Herz
krank ist, meine Freunde! da ist auch der ganze Körper krank. In
Allen war der Sinn für das Beste und Höchste erstorben; Keiner
fragte nach Gott, Keiner hatte das Bedürfniß nach seinem Worte;
und wo es ihnen entgegenkam, da war es ihnen ein Stein des An-
stoßes. Und wo das Herz abgestorben ist für das Höchste, da ist
auch kein rechtes Leben, kein Zusammenhang und kein Zusammenhalten, kein Sinn für den Nebenmenschen und für das Wohl der Gesammtheit. — Darum, wenn der Prophet das Bild einer bessern
Zeit entwirft, ruft er im Namen Gottes: ונתתי להם לב אחד „Ein
Herz werd' ich ihnen geben". Vor Allem ein Herz, das lebendig schlage, empfänglich für das Gute, begeistert für das Heilige,
erwärmt für Gott und sein Wort! Und zweitens: Ein Herz!

Sehet euch um unter uns, meine Freunde! — Gott sei Dank,
so harte Rügen als damals gegen so schmähliche Laster als damals
in unserer Mitte zu erheben, wäre eine Ungerechtigkeit. Aber wo sehen
wir die Einheit des Sinnes und des Strebens? Wo offenbaret sich
uns denn überhaupt ein lebendiger religiöser Sinn? Wo sind seine
Aeußerungen, wo seine Schöpfungen? — Etwa das, daß ihr euch am
Sabbat bequemen könnt, eine halbe Stunde euch abzumüßigen, die
ihr hier verweilet? Gehet ihr ins Gotteshaus um Gottes willen?
Alsdann würde euch die Gebetzeit nicht zu lang erscheinen, um sie
möglichst zu verkürzen. Wer hat euch denn den Sabbat und das
Fest so bequem zugeschnitten, und wer euch gelehrt, daß Gebet und
Gottesdienst nur für die Müßigen und Faulen sei, die ein Paar Stun-
den wegzuwerfen haben, während ihr sie besser zu nützen verstehet? —

---

[1]) Jer. 5, 4. 5. — [2]) Das. 17, 9.

O der Rüstigen und der Fleißigen, die vor lauter Mühe und Arbeit nicht zu Athem kommen, die vor lauter Thätigkeit nicht zu sich kommen, die da meinen, für sich arbeiten heiße sich selbst vergessen! ולא תוציאו משא מבתיכם ביום השבה „Traget keine Last aus euren Häusern am Sabbattage" [1]); werfet sie ab, die Last der Sorgen, die Last weltlicher Gedanken, die Last eures Thuns und Treibens. Ich möchte sagen: entfernet die Asche von dem מזבח הפנימי, von dem Altare eures Innern [2]), daß der verschüttete Gottesfunke wiederum erglühe und an heiliger Stätte zu heiliger Flamme sich entzünde! Und wenn ihr das lebendige Wort der Rede doch hören möget; wenn ihr ihm die Ehre anthuet, einen Weg um seinetwillen zu machen: so thuet ihm auch die Ehre an, daran zu denken, wenn es längst an eurem Ohre vorübergerauscht ist. Denn wer immerfort sich predigen lässet, aber es doch immer beim Alten bewenden läßt, wisset ihr, wie der mir vorkommt? Wie Einer, der vor die Landkarte sich hinsetzet, statt die Reise anzutreten, oder wie Einer, der vom Arzt sich ein Verzeichniß geben läßt von Mitteln, sie aber nicht bereiten läßt und gebraucht. -- Und da die religiöse Gesinnung fehlet, wo soll die Einheit des Sinnes herkommen? — Wer von irgend einem großen Gedanken, einem heiligen Interesse erfüllt ist, — der hat nicht Ruhe, bis er es lebendig vor sich siehet, leibhaft, wirklich. Wer für irgend eine heilige Angelegenheit lebt und strebt, der sucht auch Andere dafür zu gewinnen und zu erwärmen. Je mehr er erfüllt ist von seinem höchsten Streben, desto mehr bietet er von eigener Kraft auf, um auch andere Kräfte zu gewinnen. Denn das Wahre und das Hohe, das in einem Menschen lebt, bekundet sich eben dadurch, daß es nicht ein eigenes beschränktes ausschließliches Besitzthum bleiben mag; es will hinaus, alle Geister will es beflügeln, alle Gemüther erwärmen, alle Herzen entflammen. Darum, meine Freunde! auch uns ein Herz, ein Herz, das für Gott und seinen Glauben lebt, ein Herz, das immer offen ist und bereit für das Gute, ein Sinn, lebendig und frisch für Religion und Sitte! Und zweitens Ein Herz und Ein Sinn! Warum erscheint uns so selten das erhebende Bild einer freundschaftlichen herzlichen Eintracht, gegründet auf Gleichheit der Bestrebungen und der Absichten, jener Eintracht, die wirksam und andauernd bleibt, wie sehr auch die Kräfte verschieden seien, wenn nur das Ziel ein gemeinsames ist? — O möchte statt der Lauigkeit und des

---

[1]) Jer. 17, 22. — [2]) Anspielung auf 4. Mos. 4, 13.

Mangels religiöfer Gefinnung die Wärme und die Innigteit einteh=
ren! Ihr würdet über euch felber erstaunen, würdet erfahren, wie
anders man noch das Leben verschönern könne, als in der gewöhn=
lichen Weise, wo man nur für sich lebt und für sich arbeitet. Wenn
wirklich Ein Herz und Ein Sinn in uns lebte, wie würde da
jeder Einzelne an Werth und Gehalt gewinnen! — Statt daß ihr
euch abfondert, daß ihr euch vereinzelt, bietet euch die Hände, wo
es heilige, höchste Dinge gilt! Statt daß ihr ein Jeder hingehet in
feinem Sinne und in feiner Willfür, erfüllet euch mit dem Bewußtsein,
daß es ein heiliges Gut giebt, deffen Befitz ihr Alle gemeinschaftlich
zu bewahren habt, — das religiöse Leben!

II.

Und wenn eine folche Einheit der Gefinnung in euch Allen lebt,
wenn ihr Alle euch eines gleichen Strebens bewußt fein werdet; fo
wird fich zweitens auch דרך אחר, derfelbe Weg zur Gottesfurcht
euch eröffnen. Was im Herzen und im Gemüthe lebt, lebendiges
träftiges Dafein gewonnen hat, das fchlägt in den ganzen Menfchen
ein, und Alles, was in ihm und an ihm ift, wird zum Ausbrucke,
zur Verwirklichung folch innern Gehaltes.

Und was fehen wir wohl von folchen Erfcheinungen in unferen
Tagen? — Auf der einen Seite einen Unglauben, der Alles verneint,
der da fpricht: השביתו מפנינו את קדוש ישראל „Räumet ihn weg
aus unferem Angefichte, den Heiligen Israels“ [1]); wir wollen teine
Spur, teine Mahnung baran, daß wir Israeliten find; wir brauchen
teine Lehre und tein Gotteswort: שפתינו אתנו מי אדון לנו „unfere
Lippen haben wir; wer ift Herr über uns?“ [2]) — Auf der andern
Seite erhebt der Wahn und der fromme Dünfel fein lichtfcheues
Haupt, und tann nicht begreifen, warum ein jebes Jahrhundert, ja
ein jebes Jahrzehend den herfchenden Verhältniffen und Bedürfniffen
gemäß feine Anfprüche und feine Forderungen geltend mache. Und
wieder Andere benten in ihrer hoffährtigen Gefinnung: Wir brauchen
teine Belehrung, an uns ift eine Veränderung, eine Verbefferung nicht
nothwendig; beren bebürfen nur unfere niebriger ftehenden Brüder,
nur ihretwillen nehmen wir Theil an gottesbienftlichen Beftrebungen

---

1) Jef. 30, 11. — 2) Pf. 12, 5.

und Leistungen. — O der Guten und Großmüthigen, die sich aus ihrer stolzen Höhe zu uns herablassen, die Alles wissen und verstehen und die Klügsten sind im Lande! Denen will ich nur noch einmal das Wort des Propheten zurufen, der sie wohl verstanden hat. אלכה לי אל הגדלים ואדברה אותם כי המה ידעו דרך ה' משפט אלהיהם אך המה יחדו שברו עול נתקו מוסרות, „Ich will zu den Großen mich begeben", spricht er, „und will mit ihnen reden; denn sie haben doch erfahren den Weg des Ewigen, die Weise ihres Gottes; doch gerade sie haben insgesammt das Joch zerbrochen, die Bande zer= rissen" [1]).

Meinet ihr wirklich, daß zu anderen Vorrechten, die Denen zustehen, welche die Großen genannt werden, auch das der Willkür und der Ungebundenheit komme? — Und was ist die Folge solcher Ansicht über Religion und Gottesfurcht? — Die Auflösung aller religiösen Verhältnisse und alles religiösen Zusammenhanges! Der Eine verlangt, daß die Gebete nicht mehr in der Sprache der Väter gehalten werden; man verstehe sie nicht. So lernet sie, diese Sprache, in der seit Jahrtausenden das Wort Gottes zu uns redet, in der die wichtigsten Denkmäler israelitischen Lebens und Schaf= fens vor uns liegen! Und wenn ihr sie nicht kennen wollet, so machet nicht die eigne Lässigkeit zum Maßstabe von Veränderungen und Verbesserungen! Unwissenheit ist und giebt so wenig ein Recht als die Faulheit. Und so wenig wir um Derer willen, denen es zu viel und zu schwer ist, eine Sprache richtig zu sprechen und zu schrei= ben, die Regeln und Gesetze der Sprache abschaffen werden, so wenig ist darauf Gewicht zu legen, daß man sagt, man verstehe die Sprache der Väter nicht. Wenn's euer Handel und Verkehr erheischte, würdet ihr sie schon lernen können. Glaubet mir, oder, wollt ihr mir nicht glauben, so machet den Versuch, lasset die Kinder in früher Jugend in der Sprache Israels unterrichten, leitet sie frühzeitig an, die hei= lige Schrift nach ihrem unendlich reichen Inhalte kennen und ver= stehen zu lernen, — ihr werdet sehen, daß die Sprache ihnen nicht schwerer wird als jede andere, und daß der Gewinn, den die Kennt= niß des göttlichen Wortes ihnen bringen wird und euch, mindestens aufwiegen werde die Mühe und den Zeitaufwand. Aber schämet euch nicht der seltsamen Buchstaben und des fremden Lautes!

---

[1]) Jer. 5, 5.

Und die Anderen wieder — wie sie toben und zanken, wenn ein alter Brauch oder Mißbrauch weichen muß, wenn derselbe Zweck wie vormals, nur auf etwas andere Weise erreicht werden soll! Wie sie meinen, man sei ein Ketzer, ein Abtrünniger, wenn ein Gesang, ein Gebicht, seinem Geiste und Inhalte nach veraltet, ausgelassen wird; als hätte Moscheh und alle die Gottesmänner und die späteren Gesetzeslehrer alle Kinot und Selichot gebetet!

Hat nun der Prophet nicht Recht, wenn er aus dem Munde Gottes verheißt Einen Weg für uns Alle? O meine Freunde, wäre er nur schon gefunden, dieser Eine Weg! Aber er ist nur möglich, wenn Ein Sinn und Ein Geist in Allen lebt. O daß sich Keiner absonderte und Keiner ausschlösse, daß man nicht auf die Aeußerlichkeit werthloser Herkommen sehe, sondern nur auf das Innere des Wesentlichen und Nöthigen! —

Ich mußte, meine Freunde! alle diese Punkte berühren, nicht allein um euch des Propheten Wort zu erklären, sondern um die Gemüther zu beruhigen und zu verständigen. So lange keine Einsicht vorhanden ist über die widerstrebenden Elemente, die in unserer Zeit durcheinander gähren, ist auf keine Einheit religiösen Lebens zu rechnen. Möchten diese Worte dazu beitragen, Manchen, der es gewiß herzlich und redlich mit den Angelegenheiten Israels meint, der aber aus Mißtrauen gegen das Neue, weil es neu ist, bedächtig zaudert, für unsere Versuche zu einer bessern Gestaltung zu gewinnen! Möchten diese Worte auch Diejenigen, die nur scheinbar mit Theilnahme sich uns zugewandt, ermuntern, ihre äußerliche Aufschließung zu einer innigen und wahrhaften zu erheben, die das ganze innere Leben durchbringe! — Ja, meine Freunde! דרך אחד ליראה Ein Weg zur Gottesfurcht, ein Pfad, der hinaufführet zu dem Heiligthum Gottes, ein Sinn und ein Streben, ein Interesse in der Brust, — das wahre und höchste Interesse für die Sache der Religion, für die Sache Gottes, — das thut uns noth, das möge uns beschieden sein! — Dann werden die Pfade Zions nicht mehr trauern und auf dem veröbeten Gottesberge werden nicht mehr Füchse wandeln, jene Füchse, die den Weinberg verderben, den Weinberg Gottes [1]).

---

[1]) Anspielung auf Klgl. 5, 18 und HL. 2, 15.

III.

Haben wir nun, meine Lieben! an manchen Beispielen der Gegenwart, an manchen Erscheinungen unserer Zeit den Inhalt und den Werth kennen gelernt, der in der Einheit des Sinnes und des religiösen Lebens unzweifelhaft liegt; haben wir bei den trübseligen Erscheinungen des Gegentheils verweilt und uns über unsere eigenen Mängel und über verkehrte Richtungen in unserer Mitte zu verständigen gesucht: so eröffnet uns der Schluß des zu Grunde gelegten Textes eine Aussicht, die ja die schönste und die herrlichste ist. לטוב להם ולבניהם אחריהם Es soll ihnen gereichen „zu ihrem eigenen Besten und zum Besten ihrer Kinder nach ihnen". — O daß ich diese Worte mit ihrem reichen Gehalte, in ihrer Einfachheit, ich möchte sagen in ihrer weihevollen Stille, euch Allen ins Herz prägen könnte, daß sie mit leuchtender Schrift, in flammenden Zügen euch wie das höchste Lebensziel erschienen, daß ihre Wahrheit euch Allen recht ins Herz ginge! „Und ich werde ihnen geben ein Herz und einen Weg, mich zu fürchten — spricht Gott — zu ihrem Besten und zum Besten ihrer Kinder nach ihnen." Gottesfurcht das höchste Heil, Gottesfurcht der reichste Besitz, Gottesfurcht das beste Erbe, das der Vater hinterlässet seinen Kindern!

Wisset ihr aber auch, meine Freunde! daß der Prophet hier Etwas fordert? daß er nicht bloß verkündet und verheißt, sondern einen Anspruch erhebt? — Er fordert von euch, daß ihr nicht bloß um eures eigenen Heiles willen gottesfürchtig seiet, sondern auch um eurer Kinder willen, um eurer Kinder willen nach euch. Eine Verantwortung legt er euch auf, eine Pflicht, der ihr euch nicht entziehen könnet, wenn ihr wahrhaft väterlich sorgen wollet für eure Theuersten, eine Verantwortung, darüber ihr einst Rechenschaft abzulegen haben werdet vor Gott. Ein reines Gefäß ist das Gemüth der Jugend, unberührt und unentweiht; welchen Gehalt ihr hineinthuet, den bewahret es. Wohl dem Vater, der in früher Jugend das Kind anleitet zur Gottesfurcht, der ihm selbst ein Beispiel religiösen Lebens, frommer Sitte, heiliger Gesinnung dastehet! Wehe ihm, wenn er nicht allein sich selbst versäumt, sondern zugleich Diejenigen, die seiner Pflege befohlen sind, die hülflos und rathlos nur seiner Führung und Leitung anheimgegeben sind! Hab' ich doch schon gehört, wie Kinder es schmerzlich in späteren Jahren beklagten, nicht in früher Jugend von den Vätern zu den Lehren des Glaubens und zu frommem Leben angeleitet worden zu sein! Muß man nicht gegen solche Väter das klagende Wort des Jeremiah erheben: עוללים שאלו לחם פרש אין להם „Kinder verlangen nach Brod; Niemand reicht es ihnen"[1])? — Wohl haben sie Recht, die Alten, wenn sie einmal sagen: לא חרבה ירושלים אלא בשביל שביטלו בה תינוקות של בית רבן „Die Gottesstadt ging zu Grunde, weil der Jugend die Lehre entzogen worden."[2]) Als die Gotteslehre auf die Kinder nicht mehr vererbt ward, da war es mit dem göttlichen Geiste in Israel zu Ende. — Hier, meine Freunde! kann ich nur mit dem göttlichen Gesetzgeber[3]) sagen: Siehe, Segen und Fluch, Leben und Tod liegt vor euch; ihr könnet euch und eure Kinder nach euch des höchsten Gutes theilhaft machen, ihr könnt euch und eure Kinder für alle Zeiten darum bringen. —

Wenn ich nun hiermit wieder auf den schon dann und wann angeregten Gegenstand, auf die religiöse Unterweisung der heranwachsenden Jugend, zurückkomme: werden nicht Manche unter euch ungeduldig eine solche Wiederholung anhören? — Immerhin! So lange ihr nicht müde werdet, diese Pflicht zu versäumen, so lange werde ich nicht müde werden, auf sie zurückzukommen. Und so lange nicht der Grund zur Klage beseitigt ist, so lange könnt ihr mir schon das unerfreuliche Geschäft der vergeblichen Rüge zu gute halten. „Und ich werde ihnen geben ein Herz und einen Weg, mich zu fürchten, daß es ihnen wohlergehe und ihren Kindern nach ihnen." Wie der Prophet weiter hinaus sieht und sorgt, als wohl die Meisten, die nur die Gegenwart und den Augenblick erfassen: also, meine Freunde! sehet auch ihr weit hinaus in die Zeiten, wo ihr selber nicht mehr seid, aber ein dankbares nachwachsendes Geschlecht leben und mit gerührtem Herzen zurückschauen wird auf Diejenigen, die ihm ein höchstes heiligstes Gut gegönnt haben! —

So, meine Freunde! hätte ich denn hingedeutet auf gar Manches, was in unserer Zeit der Rüge bedarf und der Ahndung. Aber zu unserem Troste hat uns die Verheißung des Propheten gezeigt, daß es nicht unerreichbare Güter, nicht über unsere Kraft Hinausliegendes sei, was uns fehlet. Lasset uns die hier gewonnene Bereicherung unserer Einsicht nützen, daß sich nicht an uns das Wort bewähre: הכיתה אתם ולא חלו „Du hast, o Herr, sie geschlagen, und sie haben es nicht empfunden"[4]); daß ein so herbes Strafgericht, als

---

[1]) Klgl. 4, 4. — [2]) Schabb. 119b. — [3]) Nach 5. Mos. 30, 15 ff. — [4]) Jer. 5 3.

der große Verlust ist, den unsere Vorfahren erlitten, uns dennoch nicht belehrt und zur Einkehr in uns selbst gemahnt habe! Frommer Sinn und frommer Wandel zu unserem Heile und zum Heile unserer Kinder nach uns, — nach uns, nach unserem Beispiele und nach unserem Vorgange, — nach uns, wenn wir nicht mehr sind, — das sei das Ziel unserer Bestrebungen!

Und du, o Herr, der du nicht ewig zürnest, nicht für immer strafest, sieh erbarmend und gnädig auf dein Volk Israel! Einige unser Herz, zu wandeln in deiner Lehre, zeige uns den wahren Weg, der zu dir führet! Wenn wir irren, o Herr! so erleuchte uns; wenn wir dich suchen, lasse dich von uns finden! השיבנו ה׳ אליך ונשובה חדש ימינו כקדם „Führe uns zurück zu dir, o Herr, o laß uns zurückkehren! Erneue, verjünge unsere Tage wie in den Zeiten der Vorwelt!" [1] Amen!

---

[1] Klgl. 5, 21.

Heilbotſchaft an Jisrael.

פרשת ואתחנן, שבת נחמו.

Meine andächtigen Zuhörer! Es war das Wort ernſter Mahnung, ſchwerer vorwurfsvoller Rüge, das wir in der Stimme eines
alten Propheten am vorigen Sabbat gehört haben. Wir legten die
inhaltvollen Reden des Jeremiah uns aus in ihrer Bedeutung für
das Geſchlecht, dem ſie zunächſt galten; aber bald ergab ſich uns,
daß auch die Gegenwart, das heutige Jisrael, mitgetroffen werde
von den Worten des ſtrafenden Gottesmannes. Wir erkannten Vieles, was dem heutigen wie dem ſo weit in den Hintergrund der Zeiten zurückgewichenen Geſchlechte zur Schuld angerechnet werden muß,
Vieles, in das die Gegenwart mit der Vergangenheit ſich theilen
muß, Vieles, was der Gegenwart darum ſchwerer und drückender zur
Laſt fällt als der Vergangenheit, weil ſie die reiche Erfahrung von
Jahrtauſenden, die einbringlichen Lehren einer ſo wechſelvollen ſchick-
ſalsreichen Geſchichte für ſich nützen konnte. Viel ſchwerer, bemerken
die Alten, iſt die Schuld des Sünders, der Beſſeres gelernt und Gelegenheit gefunden, ſeine Erkenntniß zu bereichern, als Deſſen, der
Nichts gelernt hat [1]). — Trümmer hatten ſich unſerem Auge gezeigt,
— nicht die alten Schutt- und Moderhaufen des zerſtörten Zijon;
nein, des neuen Zijon verfallende Stätten, welkende Blüthen und
Blumen und Früchte, öde unangebaute Steppen, wo in friſcher üp-
piger Fülle Gedeihen und Segen von allen Seiten prangen und uns
anlächeln ſollten; kahle Haiden, wo in glänzendem Reichthum ein
Gottesgarten ſich vor uns ausbreiten könnte und ſollte; Tod und

---

[1]) שהלל סבירן וחטאין הללו אין סבירן וחטאין Schabb. 116 a.

Stillstand statt freudigen rührigen Lebens und Drängens. Und das Bild mußte uns ergreifen; es mußte des Propheten Wort, das so tief einschneidende, auch uns das Herz treffen und bewegen. Wenigstens wünsche ich, daß dem also gewesen sei.

Aber auf Trümmern weilen, mitten in dem Graus der Zerstörung und Verwüstung uns ansiedeln — nein, meine Theuren, das dürfen, wollen wir nicht. Davor behüte uns der Herr und unser besseres Theil! Verzweifelnd jammern oder trostlos brüten und Alles um uns dumpf und gedankenlos geschehen lassen — das wäre Tod, Verzweiflung. כי מי אשר יחבר אל כל החיים יש בטחון „Wer zu den Lebenden gehört, geeiniget und verbunden ist mit dem Leben, der hat Hoffnung, der darf hoffen!" [1] Wo noch die Triebkraft, die freudige Werdelust nicht erstorben, — da regt in jugendlicher Heiterkeit und frischer Kraft die Hoffnung ihre Schwingen; und aus dem dumpfen Schmerze und der trostlosen Trauer rafft sich in göttlicher Gewalt das Unsterbliche in uns auf und schauet — das Auge noch thränenfeucht — vorwärts in die Zukunft, in der neue Gestalten auftauchen, neue Gewährungen und Erfüllungen, ungeahnte Segnungen sich erschließen.

ואתם הדבקים בה' אלהיכם חיים כלכם היום „Ihr aber, die ihr anhanget dem Ewigen eurem Gotte, ihr Alle seid lebend am heutigen Tage" [2] — so ruft Moscheh, der größte aller Propheten, in dem eben gehörten Wochenabschnitte uns zu. In wem der innige Bund mit seinem Gotte, die Gemeinschaft mit dem Ewigen und Unwandelbaren fest und unerschüttert geblieben, der ist ein Lebender; ihm gehöret die Zukunft als unveräußerliches unbestreitbares Erbe. —

Jene Propheten in Israel, von deren Bedeutung und Wirksamkeit wir schon öfters geredet, die wir als Zeugen der Wahrheit, als Herolde der Gottesstimme, als des strafenden Gewissens Stimme in Israel erkannt haben; die so unerbittlich waren, wo es galt, der sündigen Zeit den klaren Spiegel der Selbsterkenntniß vorzuhalten; deren Wort so glühend und flammend war, daß die Frevler davor hinschwanden, wie das Stroh an der Flamme; die so rein und ungeschminkt auch das Härteste und Herbste aussprachen; die so rührend und ergreifend den Schmerz der tiefsten Seele ausgossen in die Wehklage um das bethörte, seiner selbst vergessene Volk; — sie waren auch die Freudenboten, die Heilverkünder, die Tröster,

---

[1] Pred. 9, 4. — [2] 5. Mos. 4, 4.

nachdem das Strafgericht des Herrn war herangekommen. Wie nach Stürmen und Wettern, nach Regengüssen und Schauern der Himmel nur desto lichter und heiterer glänzt und, nachdem der Blitz die ragenden Stämme zerschlagen, die lieblichen Töchter der Flur nur desto frischer und reiner in wiedergewonnenem Farbenschmucke und reizendem Dufte blühen: so mußte auch im Leben Israels, wenn alle Schläge und Donner verhallt waren, ein neues schönes Dasein sich erheben. Die Wolken waren verzogen, und der Friedensbogen am versöhnten Himmel erschien als Bürge, daß die Donner aufgehört und sich Alles wieder zum Heil und Segen gewendet. Darum riefen jene Gottesmänner in den Stunden der drohenden Gefahr zu Trauer und Buße; mahnten, daß die Krone sollte abgelegt, das Diadem vom Haupte genommen werden, daß der Hohe sich beugen, der Stolze sich erniedrigen sollte; — aber sie riefen auch den Gebeugten zu, daß sie aufstehen sollten und den Staub abschütteln und die Fesseln und Ketten, die den Nacken beugten, ablegen. Solchen Tröstungen und frieblichen Verkündigungen, solchen erhebenden Friedensklängen und Freudenbotschaften wollen wir am heutigen Sabbat horchen, daran uns erheben und erfreuen!

Das Trosteswort Jeschajahu's habt ihr in der heutigen Haftarah vernommen; habet gehört, wie er aus vollem freudigem Herzen es ausruft, daß die Leidenszeit und die schwere Frohn Israels sei erfüllt und abgelaufen, daß seine Sünde sei gesühnt, daß es doppelt aus der Hand des Herrn habe empfangen für seine Schuld. Darum ruft er: נחמו נחמו עמי [1]), daß seinem Volke die Trostesstimme erschalle, daß sie in freundlichem Zuspruch sich an das Herz Israels wende. Denn die Herrlichkeit des Herrn werde sich offenbaren und in ihrer Glorie aufstrahlen! — Es sind das Worte erhabener Weihe, mild und sanft wie des Frühlings Wehen, wie des Lenzes Säuseln und Lispeln. Das Wort Moscheh's יערף כמטר לקחי תזל כטל אמרתי dürfen wir hier anwenden. „Meine Belehrung", das mahnende strafende Wort, „stürzt wie ein Regenguß hernieder; meine Rede", der freundliche Zuspruch, das liebevolle Wort des Trostes, „träufelt wie Thau"[2]). Wir haben dem Trosteswortе des Propheten schon früher einmal unsere Aufmerksamkeit zugewandt; hören wir heute den weitern Verlauf seiner Verkündigung! Er hat Großes, Segensvolles zu verkünden.

---

[1]) Jes. 40, 1. — [2]) 5. Mos. 32, 2.

Jef. 40, 6—9.

קול אמר קרא ואמר מה אקרא כל הבשר חציר וכל חסדו כציץ השדה:
יבש חציר נבל ציץ כי רוח ה׳ נשבה בו אכן חציר העם: יבש חציר
נבל ציץ ודבר אלהינו יקום לעולם: על הר גבה עלי לך מבשרת ציון
הרימי בכח קולך מבשרת ירושלם הרימי אל תיראי אמרי לערי יהודה
הנה אלהיכם:

„Eine Stimme spricht: Verkündige! — Was soll ich verkündigen?
— Alles Fleisch ist Gras und all seine Anmuth wie die Blume des
Feldes. Es dorrt das Gras, es welkt die Blume; denn der Odem
des Ewigen hat es angeweht. Fürwahr, Gras ist das Volk. Es
dorrt das Gras, es welket die Blume; aber das Wort unseres Got=
tes bestehet ewiglich. Auf hohen Berg steige hinan, Heilbotin Zijons;
erhebe mit Macht deine Stimme, Heilbotin Jeruschalajims; erhebe sie,
fürchte nicht! Sprich zu den Städten Jehudah's: Siehe da, euer
Gott!" —

In lichter Klarheit steht das Bild einer holden Zukunft vor
dem Geiste des Gottesmannes. Alles, Alles um ihn und in ihm
dränget zur Aussprache Dessen, was ihm die Seele füllt. Es ruft
ihm eine Gottesstimme zu, daß er rede; und er schauet umher
und ist unschlüssig. Wem soll er verkünden? wozu es aussprechen?
warum nicht lieber in dem stillen Herzen, in dem Schrein des
Innern verschließen, was so reich und überschwänglich in ihm sich
reget? Ist doch Alles, Alles um ihn her so vergänglich und nich=
tig! — Aber ob auch Alles vergehe und verwittre, ob der Blu=
men kurze Frist auch bald abgelaufen, ob die kaum geöffnete Knospe
vom Sturm entblättert ihr flüchtiges Dasein verhauche: was von
Gott ist und aus seinem Munde kommt, die tröstlichen Verhei=
ßungen, die er seinem Diener hat eingehändigt, sie dauern ewig=
lich. Und so spricht er es aus, und das Wort, das er verkündet, er
giebt es hin zur Hut und Bewahrung im Vertrauen auf dessen gött=
liche Macht.

I.

Und was können wir, meine Theuren, Anderes als das gött=
liche Wort des Herrn, wie es uns überliefert worden, wiederum der
Zeit einhändigen und übergeben? was anders, als mit menschlicher
Zunge nachreden, nachlallen — wenn ihr wollet — was jene Männer
Gottes mit himmlischen Tönen ausgesprochen? Auch wir — gestattet

es, daß wir mit dem Großen das Kleine vergleichen — auch wir hören die Stimme, die da ruft: Verkündige! Von allen Seiten ruft und mahnt es uns. Es dränget und treibt, es mahnet und fordert Alles in der Zeit, die ewigen Wahrheiten des Glaubens, die heilvolle Botschaft und die schöne Zukunft auszusprechen und dem in der Eitelkeit und Thorheit der Welt verstockten Geschlechte zuzurufen, auf daß es sich daran erhebe und stärke, der erschlaffte Sinn sich kräftige, das gebeugte, zur Erde gewandte Auge sich emporhebe, daß an dem festen unverrückbaren Stamme des Ewigen und Göttlichen der gesunkene Sinn sich emporwende und fest und gläubig daran festhalte.

Es mahnet die Zeit. In ihrer Hast und Eile, in dem unstäten ruhelosen Drängen, da Ein Gebiet nach dem andern bezwungen und erobert wird vom forschenden vorwärtsdringenden Menschengeiste; da Eine dunkle Kraft nach der andern an das Licht tritt, um dem allgewaltigen Forscherdrange ihr Geheimniß zu verrathen und das Wort ihres Räthsels zu verkünden; da die Natur mehr und mehr in den Dienst des Menschen gezwungen, seinen Ansprüchen zu dienen, seinen Geboten zu gehorchen, seinem Willen sich zu unterwerfen sich entschließen muß; da die Machtgebiete der Unwissenheit sich verengen und das Licht des Wissens und Erkennens mit seinem mächtigen Widerscheine auch in die tiefsten Gründe, die verhülltesten Schachte dringt, — da ruft sie selbst, die vielbewegte Zeit, uns zu: Verkündige, gehe hin und zeuge, gehe hin und lehre, gehe hin und mahne!

Und wovon zeugen? Von den leisen Stimmen und Verkündigungen, die im Sturm und Drang, in der Gluth und Hast des Augenblicks überhört werden; von den Gottesstimmen, die in uns tönen und klingen und die, ach! das offen lauschende Ohr nicht finden. —

Ist dem nicht also, meine Theuren, daß wir von der Gegenwart, von den Mächten, die in ihr so gewaltig herschen, die so streng und tyrannisch ihr Regiment behaupten, mehr und mehr übertäubt und gegen uns selber, gegen die Mahnungen Gottes in uns, gegen die Forderungen des Göttlichen in uns, gegen die Aussprüche und Gebote Gottes in seiner Lehre gleichgültig werden? — Wer ist in dem Jahrhundert, dem erfindungsreichen, dem unermüdlich Neues zu Tage fördernden, dem geschäftigen, stürmisch eilenden, dem im Wirbel davonrollenden, dem wie mit Adlerflug stürzenden, nicht in Gefahr sich selbst zu verlieren, auf- und unterzugehen in dem Gewühle um ihn her und den festen Boden und Halt zu verlieren?

Ist nicht offenbar in dem Maße, als des Menschen Kraft und Streben breitern Boden gewonnen, das Reich Gottes schmäler und enger
worden? Ist nicht in dem Maße, als der Menschengeist und sein
reger unermüdlicher Drang siegreich und gewaltig durch sein Gebiet
einherzieht, der Hinblick auf Den, der nach wie vor, heute wie vor
Jahrtausenden, die Fäden hält in sicherer Hand, uns fremder worden? Ist nicht, je mehr wir uns selber zu verdanken meinen, je
mehr wir selber hineingreifen in das Getriebe der Schöpfungen, je
mehr wir horchen und lauschen in ihrer geheimnißvollen Werkstatt —
desto mehr der Gedanke an Den, der uns väterlich gestattet, in dem
Seinigen zu schalten als in dem Unsrigen, in uns zurückgedrängt
und geschwächt worden? — Als in der Zeit drohender Gefahr in
Jerusalem das Volk sich schirmen und schützen wollte, da es die
Mauer erhöhte und Häuser abtrug, den Lauf der Ströme wandte
und anders leitete, da rief der Prophet: ‏ומקוה עשיתם בין החמתים‏
‏ולמי הברכה הישנה ולא הבטתם אל עשיה ויצרה מרחוק לא ראיתם‏ „Und
eine Wassersammlung habet ihr gemacht zwischen den beiden Mauern
für die Wasser des alten Teiches; aber ihr schautet nicht nach Dem,
der dies Alles gethan, und Den, der es geordnet seit ferner Zeit,
habet ihr nicht gesehen." [1]) — —

Darum ruft uns eine Stimme zu: Verkündige! zeuge von Dem
und für Den, der nach ewigen Gesetzen, nach sicheren unverrückbaren
Normen, die Welten und die Menschen führt; rufe, zeuge von Ihm,
daß er in all dem Drängen und all dem Wirrsal Derselbige sei,
Dasselbe fordere, Dasselbe schaffe und vollbringe.

Und wenn nun plötzlich, ungeahnt, wie ein Schlag aus heiterer
Höhe, der Vergessene, Versäumte in seiner Allgewalt sich wieder verkündet, sich wieder meldet den Vergeßlichen; wenn Er wieder zu seinem
Boten den Sturm, zu seinem Werkzeuge die Feuerflamme macht [2]);
wenn der wohlgegründete gesicherte Besitz, der, Jahr auf Jahr auf-
gehäuft, auf unwandelbarem Boden in stolzer zuversichtlicher Sicherheit ruhte, ein Raub wird des verzehrenden Elements; wenn an
Denen, die in ihren Häusern ruhig saßen und im Schatten ihres Obdaches sprachen ‏לא תגיש ותקדים בעדינו הרעה‏ „Uns wird nicht
nahen und zuvorkommen das Unglück" [3]), der Herr im Feuer sich
offenbaret und im Feuer Gericht hält [4]): da stehen sie betäubt und

---

[1]) Jes. 22, 11. — [2]) Nach Ps. 104, 4. — [3]) Amos 9, 10. —
[4]) Nach Jes. 66, 15, 16.

verstört auf dem Aschenhaufen ihres Glückes, auf der Brandstätte ihrer Habe, auf den Trümmern Dessen, was sie für ewige Zeiten ge= gründet glaubten.

Da ruft eine Stimme wieder: Verkündige! Es ist kein Bund, kein gültiger dauernder Bund, den der Mensch mit der Erde und deren dunkeln Mächten schließt; es ist kein Bund, darin der Unsterbliche sein bestes Theil hingiebt um das Zeitliche und Ver= gängliche!

Und hören sie die Stimme? Entschwinden sie nicht, die erweck= lichen Mahnungen Gottes, und gehen spurlos hin, überschrieen und erstickt vom lauten Tosen und Rauschen der Lebensfluth, von dem ge= waltigen Brausen der Räder, die das große künstliche Triebwerk der Zeit bilden? קול אמר קרא Es ruft mit lauter Stimme Alles, Alles um uns: Verkündige! — Wenn in sündigem Trotze, in wahnvoller Ver= blendung der Menschengeist immer höher den Lügenbau des Wissens= dünkels emporthürmt; wenn der Trost der Menschheit, ihre heiligen Ahnungen und Gefühle, ihre beseligendsten Ueberzeugungen und Hoff= nungen, ihrer edelsten Freuden und Regungen lauterste Quellen von einem Alles zerwühlenden Zerstörungstrieb untergraben, von einem Alles vergiftenden Todeshauche angeweht werden und die frischen Blüthen der Seele hinsiechen und die hoffnungsvollen Keime des Ge= müthes welken: da weist das verkannte Göttliche nur desto lauter auf sein Recht hin, bestehen die vergessenen heiligen ewigen Mächte der Menschenbrust desto nachdrücklicher auf ihr unantastbar Recht, daß für sie das Wort werde genommen und der Ruf zu ihnen erschalle; daß, dem zerstörenden und auflösenden, dem Alles zerreißenden und vernichtenden Drange gegenüber, Das, was einigt und verbindet, Das, was in Frieden und Seligkeit das gestörte Gleichmaß des Lebens her= stellt, sich erhebe und seine Stimme vernehmen lasse.

Und als der Prophet mit den Verkündigungen auftrat, die ihm das Herz mit freudiger Lust erfüllten; als er, die Kluft der Zeiten des Elends und der Erniedrigung überspringend, schon auf den frisch grünenden hoffnungblühenden Angern und Triften stand, wo der Graus der Zerstörung vorher gewüthet und gehaust: da sah er um= her, an wen er sie richten sollte, die Botschaft des Himmels, wem er den Segen, der ihm war verheißen worden, übergeben sollte zur Hut und zur Wartung?

„Wozu soll ich's verkünden? Siehe, alles Fleisch ist wie Gras und all sein Schmuck wie des Feldes Blume; es welket das Gras, es dorret die Blume, wenn der Wind des Herrn sie angewehet." —

Wie erschien dem Propheten Alles um ihn so klein und gering, so nichtig und eitel, so hinfällig und schwach im Vergleich mit Dem, was er siehet und weiß! Ist ihm doch, als wenn vor der Gewalt und der überwältigenden Macht Dessen, was in ihm lebt, das schwache Geschlecht zusammenknicken, von dessen Schwere und Vollgehalt erdrückt werden müßte! — Wie soll ich aussprechen, fragt er betrübt, was sie nicht fassen; reden, woran sie nicht glauben; verkünden, was ein freies großes offenes Herz, einen beflügelten Geist, eine in heller Gluth der Begeisterung brennende Seele heischt? Wie es hingeben, das herrliche Besitzthum, an Die, welche seinen Werth nicht kennen und nicht kennen mögen, die nach der engen Spanne des Augenblicks das Walten Dessen ermessen wollen, vor dem Jahrtausende wie das Gestern, wenn es verstrichen, wie die Wache einer Nacht sind [1])? Wie soll ich von dem unergründlichen, geheimnißvoll schaffenden Walten Dessen reden, der die Eilande davon trägt wie ein Stäubchen und vor dem Völker und Könige und Fürsten als Nichts und Tand erscheinen [2]), zu Denen, die wie das Grün aufblühen und welken, des Morgens noch frisch prangen, am Abend schon sind abgemäht [3])? —

Und wäre Dasselbe nicht auch heute noch gültig? „Siehe, wie Gras ist das Volk." Sie möchten nicht aus dem engen Umkreise der Gewöhnlichkeit auf die freiere Warte eines höhern Schauens, aus dem schmalen Bezirke der Alltäglichkeit auf den hohen Standpunkt eines freiern Ueberblickes geführt werden. Es soll das Unendliche und Ewige sich in den schmalen Ring der Endlichkeit und Vergänglichkeit zusammenziehen. Es soll das über den Moment Hinausweisende und Hinaustragende als ein Phantastisches, Hohles, Ueberspanntes abgewiesen werden. Es soll nicht die unendliche weite Aussicht in einen unabsehbaren Raum gezeigt werden; nein! die Aussicht soll verengt und begrenzt werden, der Himmel soll sich schließen, die Stimme des Göttlichen verstummen, die Erde sich immer wohnlicher einrichten — und das Wort des Herrn in den Dienst der Erde treten.

---

[1]) Nach Pf. 90, 4. — [2]) Nach Jef. 40, 15. 17. —
[3]) Nach Pf. 90, 6.

II.

„Aber ob auch dorret das Gras, ob auch welket die Blume, — ודבר אלהינו יקום לעולם das Wort unseres Gottes bestehet ewiglich.‟

Und so schweiget der Prophet nicht, und was er in der Begeisterung Gluth erschaut und in lichtem Geiste erfahren, er strömt es aus im gewaltigen freudigen Wort. Und so darf auch nie und nimmer die Stimme schweigen in Israel, die da zeugt und meldet, verkündet die Botschaft des Herrn. Mag welken was hinfällig ist, mag vergehen was dem Tode pflichtet: das Lebendige und Ewige, das soll frei und freudig in göttlicher Lust und heiliger Macht seinen Ton erheben.

Wird es gehört? Wird es geglaubt? Fällt es als ein fruchtverheißend Saatkorn in den tiefen Boden der Seele? Haftet es darin und schlägt es Wurzel, oder ist es, vom Winde verweht, in der sandigen Wüste verkommen? — Kleinliche Frage! Aengstliche unwürdige Bekümmerniß! Es muß das Lebensvolle und Lebenshaltige seine Macht geltend machen; früher, später bricht es durch und zwinget die ihm Widerstrebenden unter seine Gewalt. Mag das Ohr sich ihm verschließen, das Herz sich ihm verhärten, in dem Banne enger Selbstsucht die Ahnung selbst eines andern höhern Thuns und Wirkens erstorben sein: das Wort des Herrn, es besteht und dauert ewiglich, und in siegreichem Triumphzug ziehet es hin über die Häupter der unter seinem Scepter Gebeugten, und vor den staunenden Blicken der Ungläubigen steht es am Ziel, Segen und Heil bringend, jeden Laut bewährend, jede angeregte Hoffnung treu verwirklichend.

Was ist das Wort des Herrn in unsrer Zeit? — Ein Einspruch, eine Verwahrung, eingelegt gegen die geltenden Mächte des Tages, gegen die herschenden wandelbaren wechselvollen Meinungen und Ansichten, eine feierliche Verwahrung gegen die Lüge der Zeit und die Täuschungen des Tages, ein Einspruch gegen die Verkehrtheit und Thorheit, gegen die angemaßte Herschaft unberechtigter Gewalten, die ihren Thron aufrichten wollen auf den Trümmern umgestürzter ewiger Pfeiler; eine Verwahrung, niedergelegt an sicherem Ort, dem Schoße der Zeiten anvertraut, dem Boden der Geschichte als Saatkorn übergeben, darin es sicher und unverkümmert reift unter Gottes Schutz und wachendem Auge, darin es still ruhet und sich entwickelt und ausbreitet, bis seine Zeit ist erfüllt und seine Stunde gekommen, da es als zartes Pflänzlein aufgeht, das schüchterne Haupt erhebt und aus dem Dunkel der Ruhe hineinreicht in die lichte Sonne des Lebens, bis es immer höher sich hebt, immer kräftiger und stärker seinen Stamm und seine Zweige und Blüthen entfaltet und als eine Ceder wird dastehen himmelan ragend in seiner Kraft und seiner Macht. —

Was ist aus der wunderbaren wechselvollen Vergangenheit Israels uns geblieben? Was können wir heute, nach einer Geschichte von Jahrtausenden, die in der Jugendzeit der Welt anhebt und noch heute nicht ist vollendet, als den Ertrag unserer Wanderung, als den errungenen Preis unserer Qualen vorzeigen? womit uns ausweisen vor Gott, der uns ausgesandt, vor einer Welt, die uns fragt und von uns Rechenschaft fordert über uns? Wißt ihr's nicht? Seid ihr euch selber so entfremdet, euch selber so weit abtrünnig worden, daß ihr nicht antworten könnet? Seid ihr gleich geworden dem Manne אשר לא שמע ואין בפיו תוכחות, „der nicht hört und in dessen Munde keine Vertheidigung ist" [1])? Das Wort des Herrn, das Buch, das ich in Händen halte, in hochgehobener Rechten euch, aller Welt, der großen unabsehbaren Kette der Geschlechter, die vor uns waren, die nach uns kommen werden, zeigen möchte, — es ist ein siegreiches Banner, ein ruhmbedecktes Siegeszeichen; es ist ein immer frischer Palmenzweig, ein Zeichen des Friedens, ein unverwelklicher Lorbeer um unser Haupt, prangend in jugendlichem Glanze.

Wie Gras sind sie hingewelkt, die Nationen und Reiche, wie Blumen verdorrt die ragenden Herrlichkeiten der Erde, — alle Anmuth und Zier und Pracht, aller Prunk und Schmuck, der die Macht umgab und die Gewalthaber umglänzte, hinabgesunken in stilles Schweigen, verrauscht und zerstoben in die Lüfte, zerstreut und umhergeworfen wie das irdene Geräth. Aber das Wort unseres Gottes ist geblieben, und so wird es bleiben ewiglich. Es ist hindurchgezogen durch das Meer der Zeiten mit Israel und ist, wo ihm ein Hafen sich aufthat, mit Israel ans Land gestiegen und eingegangen in die neue gastliche Heimath; es ist mitgegangen durch die Noth und Qual der Verfolgungen — עמו אנכי בצרה [2]) — und es spricht milde Friedensworte, himmlischen Trost den Gebeugten zu; es ist wie ein Aar durch die Lüfte gezogen in freiem Flug und mächtigem

---

[1]) Pf. 38, 15. — [2]) Pf. 91, 15.

Schwunge, und es hat geredet und gezeugt, und wir deuten noch
heute seine Kunde. —

Nun hat das weise Jahrhundert, das vor lauter Klügeln nicht
zur Klugheit, vor lauter Fragen zu keiner Antwort kommt, vor lauter
Weisheit und Licht oft blödsichtig und stumpf geworden, die Frage
aufgeworfen, ob Israel sich dürfe ein Volk nennen. Ein Volk,
das keine Heimath hat, kein Land, umgrenzt und abgemarkt, sein
nennt; ein Volk ohne Rosse und Reisige; ein Volk, das nicht seine
Abgesandten und Boten hält, die in dem verworrenen Handeln der Welt
eine entscheidende Stimme abgeben dürfen; ein Volk, dem überall mit
einem andern Maße und Gewichte das göttliche heilige Recht des
Menschen wird zugewogen und zugemessen, hier und da mit zittern-
der ängstlicher Hand, ob nicht des Gegebenen zu viel sei, — das ist
doch wohl, sagt man, ein Unding. Und es haben die Weisen und
Stimmführer Israels mit Angst die Frage aufwerfen hören und sich
gekrümmt und gewunden, sie zu lösen, daß ja kein Anstoß entstehe.
— Meine Theuren! Lassen wir die Weisen gewähren und es unter
sich ausmachen, wie wir heißen dürfen, — ob Gemeinde, Nation, Gesellschaft: wir halten uns an des Propheten Wort: דבר אלהינו יקום
לעולם „Das Wort unseres Gottes bestehet ewiglich". Mögen sie die
Namen erfinden für Millionen, die, durch Länder und Völker zerstreut, an der Stätte der Erde, wo der Sonne senkrechter Strahl den
Boden ausdorrt, wie in den eisstarrenden Ländern des Nordens, in
Einem Gedanken sich begegnen, in Einem Glauben sich brüderlich
verbinden, in Einer Hoffnung sich einigen; die, wie verschieden auch
in Sprache und Sitte und Bildung, zu Einem und demselben Gotte
rufen in der Noth, Einem und demselben danken für jeden Segen;
für die die Vergangenheit eine Kette heiliger Erinnerungen, die Zukunft eine gotterhellte Stätte des Segens ist; denen Freude und
Schmerz ein Gemeingut sind, das, wenn es hier einen Theil trifft,
doch überall das Ganze durchbebt. Wie wir eine solche Gesammtheit
nennen dürfen und sollen, — ich weiß es nicht. Aber so und nicht
anders erscheint uns Israel kraft des Gotteswortes, das sein Führer
gewesen durch Jahrtausende. Darum „mag dorren das Gras und
welken die Blume, — das Wort des Herrn bestehet ewiglich."

III.

Und solche Kunde wollten wir verschweigen? nicht davon reden und zeugen, so lange eine Faser in uns zuckt, so lange das Rad des Lebens kreist? Wir sollten sie verbergen und verheimlichen? —

„Auf hohen Berg steige hinan, Heilbotin Zijons; erhebe mit Macht deine Stimme, Heilbotin Jeruschalajims; erhebe sie, fürchte nicht! Sprich zu den Städten Jehudah's: Siehe da, euer Gott!"

Das ist der Kern und der Mittelpunkt der Verkündigung: הנה אלהיכם Siehe da, euer Gott! Nach langer Schmach und schwerem Drucke, da Israel, entfernt von dem heimischen Boden, schon immer ferner und entfremdeter der Hoffnung auf eine Wiederherstellung des Nationallebens geworden war, mußte wohl die Verkündigung, daß Gott der Geächteten und Verstoßenen sich wieder annehmen werde, der Kleingläubigkeit und Enge des Sinnes als eine unglaubliche Kunde erscheinen. Aber der Prophet ruft es hinaus in die Welt; von hohem Berge herab verkündet er was sie nicht ahnen, verheißt er was sie nicht glauben und was sich dennoch treulich erfüllen soll.

Auch für uns, meine Theuren, gilt des Propheten Wort, auch der Gegenwart Israels. Auch wir sollen es mit lauter Stimme verkünden: Siehe da, unser Gott! „Von ragender Bergesspitze," von der hohen Warte freier geschichtlicher Ueberschau, da sich die große reiche Vergangenheit Israels vor uns ausbreitet in ihrer wunderbaren Mannigfaltigkeit, mit ihren Trübsalen und Schmerzen, mit ihren Qualen und Leiden, mit dem Schmerzensschrei der Gepeinigten, dem Nothruf der Gequälten, mit aller Schmach und allem Hohne, die die unerschöpfliche erfinderische Bosheit und Tücke in jedem Weltalter ersonnen, mit all der niederbeugenden Last schmerzlicher Eindrücke, — von dort aus wollen wir's rufen mit einem freudigen lauten Jubel: Siehe da, unser Gott! Wenn Israel in seiner Geschichte nicht seinen Gott findet; wenn ihm das aufgerollte Buch der Zeiten nicht in all der düstern Nacht den lichten Stern der Hoffnung zeigt: wo sollte es sonst ihn erkennen? Und wer sonst könnte ihn noch so deutlich in der offenkundigen Spur seines Waltens entdecken? Ist es nicht dort in jeder Zeile geschrieben: הנה אלהיכם „Siehe da, euer Gott"? — לולי ה' שהיה לנו בקום עלינו אדם: אזי חיים בלעונו בחרות אפם בנו „War's nicht der Ewige, der für uns gewesen, da Menschen wider uns aufstanden: sie hätten lebendig uns verschlungen in ihres Zornes Gluth"[1]), seufzte der Psalmist vor Jahrtausenden, — und wir dürfen es mit ihm noch heute sprechen.

---

[1]) Pf. 124, 2 f.

Wo wäre ein Jahrhundert, ein Jahrzehend, von dem frühesten Anbe-
ginn bis auf die heutige Stunde, von dem ersten Kampfe des Amalek
gegen das wandernde wegemüde Israel bis auf die Pöbelrotte der
Gegenwart, von dem tückischen Hasse Balaks und seines Verbündeten
Bil'am, von dem gekauften Zeugnisse und der besoldeten Rede des
alten Zauberers bis auf die feilen Tagesschreiber der Gegenwart, —
da wir nicht augenfällig Gottes Walten, seinen gnadenreichen Schutz,
seine väterliche Liebe erfahren? Die Geschichte Israels hat der
Grab- und Brandstätten, der Leichenhügel der um den Glauben Ver-
folgten unzählige aufzuweisen. Aber noch zahlreicher müßten seine
Dankaltäre sein für seinen Gott, der es gehört, wenn es ihn anrief.
Nein, es giebt kein anderes so offenkundiges Zeugniß des nahen
Gottes, der uns liebend umschwebt in der Stunde der Bedrängniß!

עַל הַר נָבֹהַ עֲלִי לָךְ מְבַשֶּׂרֶת צִיּוֹן. So steiget hinan auf hohe
Bergesspitze! Weiset sie von euch, jene Todesboten, die das Leben
fliehen und nur Verwesung und Verwüstung in Israel schauen! Ob
sie aus eurer eigenen Mitte sind und mit geläufiger Zunge nachreden was die Feinde Israels ihnen vorgesprochen; ob sie in stolzem
Wahne sich bethören, es sei ihr Werk, aus ohnmächtiger Brust den
Leichnamen Leben einzuhauchen; ob es Bundesbrüchige sind, die dorthin entlaufen, wo dem Verrathe der Lohn und die Ehre winkt, wo
ein Seelenkauf getrieben wird und für die eingesetzte Ueberzeugung
die verschlossenen Pforten werden aufgethan, die, weil das leibliche
Leben ihnen zu eng und verkümmert war bei den Brüdern, nun auch,
um sich selbst zu belügen, jenen das geistige absprechen: glaubet ihnen
nicht! Rufet ihnen zu das Wort Moscheh's: וְלָמָּה תְנִיאוּן אֶת לֵב בְּנֵי
יִשְׂרָאֵל „Warum wollet ihr das Herz der Kinder Israels abwendig
machen"[1]) und den Muth ihnen rauben? Warum seid ihr so miß-
günstig und eigensüchtig, wo euch der Muth des Glaubens, die Kraft
des Hoffens, die Ausdauer im Kampfe verloren gegangen, nun auch
die Anderen zu lähmen, daß auch ihre Kniee wank werden und ihre
Hände sinken und schlaff herabhangen? —

הִנֵּה אֱלֹהֵיכֶם „Siehe da, euer Gott!" Den alten bewährten Hort
Israels zeigt der Prophet seinen Zeitgenossen; mehr hat er nicht zu
bieten, aber mehr bedarf es auch nicht. — Und das, meine Theuren,
sei auch unser Streben und Wirken, Ihn überall zu zeigen in seiner
Gegenwart, in der unermüdlichen Treue seiner Obhut, in der Lauterkeit

---

[1]) 4. Mos. 32, 7.

feines Wortes, und uns immer tiefer mit dem Gedanken an ihn, mit dem Glauben an ihn zu durchdringen! Er, der die Vergangen= heit so wunderbar hat gestaltet und geführt, er wird die Fäden etwa in der Zukunft aus der Hand lassen? Er, der uns getragen und beschirmt hat bisher, daß alle Fluthen und Wogen machtlos zurück= prallten, und uns immer hinausgetragen aus der Bedrängniß, — er hätte ein anderes Gesetz für die Gestaltung der kommenden Jahr= hunderte, als das in den abgelaufenen galt? — וגם נצח ישראל לא ישקר ולא ינחם „Der Hort Israels, er täuscht nicht und wird nicht anderes Sinnes.“ [1] Wie er uns ans Ziel bringt auf wunderbaren Wegen oder Umwegen, wie er die alte Schuld der Zeiten tilgen, die Sünde der Jahrtausende sühnen wird, — wir wissen's nicht. Aber daß er es werde, daß er mit uns sein werde in den spätesten Zeiten wie in unsrer Kindheit, das wissen und glauben wir fest und unwan= delbar. — Darum lasset uns ruhig und gläubig seiner Weisung fol= gen und nicht kurzsichtig und blöde an ihm, kleinmüthig und feige an uns verzweifeln, oder dünkelhaft und vorlaut ihm die Wege vorzeich= nen, auf denen er gehen soll!

Und so wollen wir freudig und muthig, unverzagt und ohne Bangen den Weg fortsetzen, in Ihm sicher, wo der Pfad rauh und unwegsam uns das Vordringen erschwert, Ihm dankvoll, wo die Hügel und Berge sich senken oder die Tiefen sich erheben [2]. Ist erst Gott= vertrauen, ist erst Vertrauen zu uns selber, zu der Güte unserer Sache, zu der Würde unserer Sendung, zu der Hoheit und Erhabenheit Dessen, was wir als unser Erbe und Eigenthum erkennen müssen, in uns eingekehrt und wieder heimisch geworden, dann „wird die Herrlichkeit Gottes offenbar, und es werden es Alle schauen, daß Sein Mund gesprochen“ [3]. וראו כל עמי הארץ כי שם ה' נקרא עליך ויראו ממך „Alle Völker der Erde werden sehen, daß der Name des Ewigen über dich, o Israel, genannt ist und sie werden Ehrfurcht vor dir haben.“ [4]

„Mag dorren das Gras, mag welken die Blume, — ודבר אלהינו יקום לעולם — das Wort unseres Gottes wird ewiglich bestehen“.

———

Diesen Glauben, o Gott! erhalte du uns und laß ihn immer tiefer in uns eindringen, immer festere Wurzel in uns schlagen!

[1] 1. Sam. 15, 29. — [2] Nach Jes. 40, 4. — [3] Jes. 40, 5. —
[4] 5. Mos. 28, 10.

Gieb du den Zweifelnden deinen Muth, den Kleingläubigen deine Kraft! Erfülle du uns Alle mit dem Gedanken an dich, und gieb Denen, die dein Wort lehren und verkündigen, den rechten Sinn und den freudigen Muth, laut und freudig vor dir und für dich zu zeugen, daß alle Herzen dir sich zuwenden und für dich schlagen. Alles in der Hingebung für deinen Willen sich einige und aus dir und dem Worte des Lebens, das du uns gelehrt, sich verjünge und stärke! Du hast uns beigestanden bis hieher, — o laß uns nicht in alle Zeit! Amen.

XLV

Die wahre Lebenskenntniß.

פרשת עקב.

Meine andächtigen Zuhörer!

Da mir am heutigen Sabbat zum ersten Male in diesem Jahre die Gelegenheit wird, über das fünfte Buch der Gotteslehre, das inzwischen ist eröffnet worden, zu euch zu reden, so wird es nicht unangemessen sein, einige allgemeine Bemerkungen über Gegenstand und Charakter desselben und dessen Verhältniß zu den früheren Büchern vorauszuschicken. Um eine die wissenschaftlichen Zwecke und Standpunkte ins Auge fassende Einleitung kann es uns hier nicht zu thun sein, da das Bedürfniß, dem wir an dieser Stätte entgegenkommen, andere Rücksichten und Forderungen geltend macht, als die der Gelehrsamkeit. Es kann uns hier nur darum zu thun sein, in allgemeinen Umrissen und Grundzügen Gehalt und Bedeutung der משנה תורה — wie das fünfte Buch Moscheh's von unseren Alten genannt wird — zu bezeichnen.

Wie nach einer großen mühevollen Reise der Wanderer stille steht und zurückschaut, um den durchmessenen Raum noch einmal im Geiste sich zu vergegenwärtigen; wie er alle die Eindrücke, die das Gemüth empfangen, alle die Erscheinungen, die an seinem Auge vorübergezogen, alle Anregungen, die die Fülle des Gesehenen und Aufgenommenen in ihm geweckt, in das Gedenkbuch seines Innern für immer einzutragen und zu ordnen sich bestrebt, zumal wenn gerade in dieser Ueberschau und Durchmusterung des aufgenommenen Stoffes der eigentliche Ertrag und Gewinn des unternommenen Zuges für ihn besteht: so steht auch Moscheh nach allen den großen Mühen und

Beschwerden, nach den ewig denkwürdigen Erlebnissen und Begegnissen seines Lebensganges, noch einmal stille, bevor er in die Heimath einzieht, die ihm bald sich aufthun soll, um all den Reichthum seiner Erinnerungen und Erlebnisse vor sich selber und den Seinen auszulegen. Was ihm und dem Volke war offenbar worden von dem außerordentlichen Walten Gottes; wie und wo Gott ihnen hat beigestanden in dem Augenblicke der Noth und Gefahr; wo und wie sie sich versündiget und vergangen, indem sie kleinmüthig und kleingläubig zagten und bangten und trotz aller augenfälligen Gnade und Barmherzigkeit Gottes immer wieder zurückversanken in die angeborene Härte des Herzens und Verdunkelung des Geistes, — das Alles faßt er in Worte zu bleibendem Gedächtnisse. Und so haben wir denn in diesem Theile der Gotteslehre eine Ergänzung und Erläuterung des Voraufgegangenen; statt der unmittelbaren Gegenwart der Erscheinungen, wie sie in den früheren Büchern vor uns sich aufthuen, das Gedankenbild derselben, nicht von der Sonne der Wirklichkeit und deren lichtem, aber auch blendendem zerstreuendem Schimmer, sondern von dem sanften Mondesglanze der Erinnerung erhellet.

Aber von einer andern Seite gewinnt dieser Theil noch seine besondere Bedeutung dadurch, daß in ihm der eigentliche innere Kern, die allgemeine religiös-sittliche Seite der Gotteslehre sich erschließet. Während wir in den vorangegangenen Büchern die Schicksale Israels in ihrer wundervollen Entfaltung kennen lernten, wie es allmählich Eine Stufe in seiner Entwickelung nach der andern erklimmt, und außer diesem geschichtlichen Stoffe die Gebote und Satzungen verzeichnet finden, deren Beobachtung und Ausübung Israel als unverbrüchliche Pflicht ist auferlegt worden, aber diese zumeist nur als Gesetze, ohne daß deren Verhältniß und Beziehung auf das innere Leben und die Gesinnung überall näher bezeichnet wäre, — finden wir hier in zusammenhängender Rede die ausführende Belehrung über die Weihe und Heiligkeit des Gemüthes, auf der als ihrem sittlichen Boden der ganze Bau des religiösen Daseins sich erheben soll, und die andererseits eben durch das Gesetz und die treue Befolgung desselben erzeugt und erzielt werden soll. Der denkende Geist, das fühlende Herz, das Streben des Innern nach einem höhern Lichte der Erkenntniß findet hier seine Anleitung und Anweisung; hier ist in einfacher schlichter Rede der göttlichen Wahrheit und der Himmelsweisheit, jener Weisheit, die auf Erden zum Himmel emporführt, für alle Zeiten der Ausdruck geliehen. Tiefer und höher, edler und

reiner kann des Menschen Beruf, sich zum ewigen Dienste Gottes
würdig zu machen und das Leben aus diesem Mittelpunkte anzuse=
hen und zu gestalten, nicht aufgefaßt, erhebender und großartiger nicht
ausgedrückt werden, als es in der ersten Hälfte unseres Buches ge=
schehen ist. Wir haben hier gleichsam die Seele des Gedankens zu
dem Leibe des Gesetzes, den innern Quell, der jede Saat und Pflan=
zung im Garten Gottes lebendig und frisch erhalten soll; hier die
Richtschnur und das Maß, nach dem wir den Werth und die Be=
deutung unser selbst, den Werth und die Bedeutung unseres reli=
giösen Wollens und Leistens messen können; hier die klare und
unumstößliche Gewißheit, daß es nicht מצות אנשים מלמדה „ein an=
gelerntes Menschengebot"[1] und eine angelernte Uebung und Gewohn=
heit ist, zu der die Gotteslehre uns führen und erziehen will.

Was wir aber ebenso wenig übersehen dürfen, ist der lichte
klare Geist, der durch alle diese allgemeinen Reden und Mahnungen
wehet, die Verständlichkeit und Durchsichtigkeit alles des Ausgespro=
chenen, die wir um so eher hervorheben möchten, als eine ganze Rich=
tung in dem spätern Israel nicht die Verständlichkeit und Faßlich=
keit, sondern gerade das Geheimnißvolle, Dunkle, Räthselhafte als
das eigentliche tiefere Verständniß, als die wahre und höhere Auffas=
sung der Gotteslehre bezeichnet hat und mit ihren abenteuerlichen
Vorstellungen, Voraussetzungen und Folgerungen, mit ihrer Deutung
der Buchstaben und Punkte das Unwesentliche und Zufällige auf Ko=
sten des Wesentlichen und Bedeutungsvollen hervorgehoben; jene my=
stische Richtung, von deren Vertretern zumeist das Wort des Pro=
pheten gilt: שמים חשך לאור ואור לחשך . . . . הוי „O, sie machen
Finsterniß zum Licht und Licht zur Finsterniß."[2]

Gegen solches Unwesen und solche Verirrung deuten wir auf die
offene klare Lauterkeit des Buches hin, daran das Wort des Propheten
sich bewähret: לא בסתר דברתי במקום ארץ חשך לא אמרתי לזרע
יעקב תהו בקשוני אני ה' דבר צדק מגיד מישרים „Nicht im Verbor=
genen habe ich geredet, an einem Orte finstern Landes; ich habe nicht
gesprochen zu dem Samen Jaakobs: Im Wirrsaal suchet mich. Ich,
der Ewige, spreche Gerechtigkeit, rede Geradheit."[3] — Und wenn jene
Männer geheimnißvoller Deutung das Wort des göttlichen Sängers
für sich in Anspruch nehmen, das da lautet: סוד ה' ליראיו „Des
Herrn Geheimniß sei Denen, die ihn fürchten, zu Theil worden", so

---

[1] Jes. 29, 13. — [2] Das. 5, 20. — [3] Das. 45, 19.

erinnern wir an die zweite Hälfte des Spruches: וברית להודיעם
„daß seines Bundes Wort Einsicht und Erkenntniß gebe"[1]), nicht
aber den Geist umhülle und umnebe.

———

.

Wenn nun nach diesen Bemerkungen das fünfte Buch der Torah des Erhebenden und Erbauenden mehr zu enthalten scheint als
die anderen Theile der Schrift, so sind wir, indem wir unsere gottes-
dienstliche Betrachtung daran zu knüpfen haben, gerade mehr in Ver-
legenheit als selbst bei den schwierigsten und dunkelsten Theilen der
Schrift. War es bei diesen unsere Aufgabe, nach unserer geringen
Einsicht, so weit guter Wille und die gewonnene Anschauung von dem
Wesen und Geiste der Lehre ausreichten, die Dunkelheit zu zerstreuen,
das fremdartig und sonderbar Scheinende durch das Eingehen auf
Sinn und Gehalt näher zu bringen; so sind wir jetzt in dem entge-
gengesetzten Falle, überall im Lichte und in dem hellen Sonnenscheine
des Verständnisses und der Erkenntniß zu wallen: שרגא בטיהרא
מאי אהני „wozu das Licht am Mittage?"[2]) — Alles, was wir in
den zwei vorangegangenen und in dem heutigen Abschnitte gelesen, ist
so in sich selbst begründet und durch sich selbst verständlich und ein-
leuchtend, daß Alles, was wir von unserer Seite hinzufügen könnten,
nur ein schwacher Abglanz des Lichtes wäre, das bereits leuchtet; daß
die weitere Ausführung und Begründung nur als ein Unnöthiges
und Ueberflüssiges erscheinen muß. Ich möchte euch bei jedem Worte
der heutigen Paraschah zurufen: Leset und beherziget es! So, in
dieser Form, ohne Erweiterung und Zusatz, ohne Erklärung und Ausführung, nehmet es in euch auf, daß es — im Innersten lebendig —
den ganzen Menschen durchdringe und heilige und kräftige und, wie
es im Geiste und Gemüthe hat seine Stätte gewonnen, nun auch im
Leben und in eurem Thun und Wirken widerscheine und wider-
glänze! כל העוסק בתורה מבפנים תורתו מכרזת עליו מבחוץ „Wer
mit ernster Bemühung das Wort der Lehre in sich aufgenommen,
von dem meldet es laut nach außen hin."[3]) —

———

[1]) Ps. 25, 14. — [2]) Chull. 60b. — [3]) Moed kat. 16b.

Es sind die höchsten und heiligsten Gedanken der Gotteslehre, die höchsten und heiligsten Gedanken der Menschenbrust, die würdigsten bedeutsamsten Aufgaben für das Leben, die hier ihren Ausdruck gefunden haben; es reichet das Eine dem Andern die Hand, es ergänzet Eines das Andere. Es freuet sich das Herz an dem edlen Gehalte und tritt doch auch beschämt zurück, wenn es so hohe und inhaltvolle Lehren als sich von selbst verstehende Wahrheiten ausgesprochen findet, die es als solche zugeben muß, denen aber in allem Umfange zu genügen das Werk eines ganzen Lebens, der Aufwand aller sittlichen Kraft, die unablässige Arbeit im innern Schachte des Geistes erforderlich ist.

Versuchet es nur an einem der Sätze, die dort ausgesprochen sind, euch zu messen! Versuchet es, wie viele oder wie wenige von ihnen in euch als leitende Sterne eurem Lebensgange scheinen, welcher von den vielen Aufgaben, die dort sind aufgestellt, ihr euch nachzukommen bestrebet, und ihr werdet sehen, was ich meine, wie klein ein jedes Verdienst, auf das wir etwa Anspruch machen mögen, gegenüber den gewaltigen Aus= und Ansprüchen erscheint, wie gering das Gewonnene und Erstrebte im Vergleich zu dem Geforderten und noch zu Erreichenden ist.

Indeß dürfen wir nur in dem Einen Gedanken uns sammeln, daß nicht die Neuheit und der blendende Schimmer überraschender Wendungen und Eingebungen den Werth und das Wesen unserer Betrachtung bestimmen, sondern ihre Fruchtbarkeit und Anwendbarkeit auf uns und das Leben. Und giebt uns Gott seinen Beistand, daß das Wort, das wir reden, nicht ohne Segen und Ertrag bleibt, mag es immerhin nur eine weitere Auslegung des schon vollständig dargebotenen Inhalts sein, — es entspricht seinem Zwecke und genügt seiner Bestimmung. —

Von der Art, wie wir das Leben ansehen sollen, war neulich die Rede unter uns, von der einzig richtigen und berechtigten Betrachtung unserer Vergangenheit und Gegenwart, welche aber doch den Meisten unbekannt wäre, und wie diese Unkenntniß und Unwissenheit gerade die schwerste und schädlichste sei, weil sie jeder höhern Richtung und jedem Aufschwunge, jeder Hoffnung den Weg zu den Herzen abschneidet und Denen, welche die Aufgabe haben, das Wort Gottes zu verkünden, den Muth und die Kraft zu lähmen droht. Wir erkannten die unabweisliche Nothwendigkeit das Leben im Zusammenhange und im Lichte eines höhern Gedankens anzusehen, die Nothwendigkeit

uns über die wandelbaren Erscheinungen und Verhältnisse unseres Daseins zu erheben, um von einem höhern Standpunkte es zu übersehen
und in seiner innern Einheit zu begreifen, wie wir auf der Spitze
eines Berges das Gewölk uns zu Füßen sehen, das uns im Thale
hoch über dem Haupte erscheint und den Himmel bedeckt, nicht aber
gedankenlos uns zu zerstreuen, jedem einzelnen Momente uns hinzugeben und dem Spielen von Erscheinungen zur Beute zu werden, die
wir durch die Macht des Denkens und eines höhern Wollens bezwingen und beherrschen müßten. — Die heutige Paraschah giebt uns
nun eine Anleitung zu einer rechten wahrhaften Ansicht von dem
Leben, indem sie uns vor den Verirrungen warnt, zu denen eine
unwürdige und unrichtige Auffassung desselben führen muß. Die
Stelle lautet also:

5. Mos. 8, 2—6.

זכרת את כל הדרך אשר הוליכך ה׳ אלהיך זה ארבעים שנה
במדבר למען ענתך לנסתך לדעת את אשר בלבבך התשמר מצותיו אם
לא: ויענך וירעבך ויאכלך את המן אשר לא ידעת ולא ידעון אבתיך
למען הודיעך כי לא על הלחם לבדו יחיה האדם כי על כל מוצא פי ה׳
יחיה האדם: שמלתך לא בלתה מעליך ורגלך לא בצקה זה ארבעים
שנה: וידעת עם לבבך כי כאשר ייסר איש את בנו ה׳ אלהיך מיסרך:
ושמרת את מצות ה׳ אלהיך ללכת בדרכיו וליראה אתו:

„Und du sollst des ganzen Weges gedenken, den dich der Ewige
dein Gott geführt hat seit vierzig Jahren in der Wüste, um dich leiden
zu lassen, um dich zu versuchen, um zu erkennen, was in deinem Herzen ist: ob du beobachten wirst seine Gebote oder nicht. Und er ließ
dich leiden und hungern und speiste dich mit dem Man, das du nicht
gekannt und nicht gekannt deine Väter, um dich zu lehren, daß nicht
durch das Brod allein der Mensch lebt, sondern durch Alles, was aus
dem Munde des Ewigen geht, lebt der Mensch. Dein Kleid zerfiel
nicht von dir und dein Fuß schwoll nicht an schon vierzig Jahr. Und
du sollst erkennen in deinem Herzen, daß, wie ein Mann seinen Sohn
ziehet, der Ewige dein Gott dich ziehet. Und du sollst beobachten die
Gebote des Ewigen deines Gottes, auf seinen Wegen zu wandeln
und ihn zu fürchten."

Folgen wir dem Gange dieser Schriftstelle, so lernen wir aus ihr
1) unseres Lebens Führung als Gottes Werk,
2) unseres Lebens düstere Seiten als Mittel heilbringender
   Läuterung,

3) unseres Lebens religiöse Weihe und sittliche Würde als unser höchstes Gut

erkennen. Das sei die Aufgabe unserer heutigen Betrachtung unter Gottes Beistand! Amen.

I.

„Du sollst des ganzen Weges gedenken, den dich Gott geführt hat.“

Das ist das Geheimniß des wahrhaften Lebens, der Schlüssel, den uns die Gotteslehre reicht, um damit die Pforte zu entriegeln, die den meisten Menschen verschlossen bleibt. Gedenke des Weges, den dich Gott geführt! Gilt das etwa bloß dem alten Israel, gilt es minder dem neuen? Gilt es etwa bloß dem Volke, dem das Walten Gottes sich so wunderbar hatte gezeigt, nicht auch einem jeden Einzelnen in Israel in allen Zeiten? — Was Jenen der Zug durch die Wüste sein sollte, wo der Herr sie speiste mit Himmelskost, wo er in dem Grauen der Oede, in dem Lande der Finsterniß und des Todesschattens sie schirmte und schützte, — dasselbe soll Jedem von uns das Leben bedeuten. Auch uns ist es eine ununterbrochene Reihe wundersamer Fügungen und Verkettungen, von dem Willen Gottes geordnet, durch sein Wort geleitet, von seinem Blicke überwacht. Was wir das Gewöhnliche und Alltägliche, was wir das Natürliche und Begreifliche nennen, es ist nichts Anderes als die uns geläufig und bequem gewordene wundersame Leitung Gottes. Wie dem Kinde, das zum ersten Male die Schriftzeichen seiner Muttersprache sieht, die Bilder fremd und seltsam, verwirrend und zerstreuend erscheinen, so dem erwachenden Menschengeiste die ersten Offenbarungen Gottes in seinem Leben. Wie aber dann dem geübten Auge das wirre Durcheinander der Buchstaben sich ordnet und füget und jenes geläufig und ohne Anstoß. ohne Bewußtsein der einzelnen Wahrnehmungen, die es dabei macht, die Schrift lieset, so werden dem vorgeschrittenen, an die unausgesetzten Enthüllungen des Göttlichen gewöhnten Alter der Menschheit alle einzelnen Vorgänge und Wendungen des Natur- und Menschenlebens geläufig und — gleichgültig. Daher giebt es für uns keine Wunder.

Ihr meinet, weil sie nicht geschehen? — Nein, weil uns der Blick dafür fehlet, jene Innerlichkeit, die von der Oberfläche sich in die stillen Tiefen der Seele zurückziehen kann; die das ganze Gewebe durcheinander gehender Erscheinungen, das Netz verschlungener Eindrücke wiederum auflösen kann, um den Einschlag und Aufzug zu finden, daran die Fäden hin- und wiederlaufen. — O, sie geschehen noch heute und drängen einander in ununterbrochener Aufeinanderfolge, die Wunder Gottes; es waltet noch heute die Hand Gottes, wie damals, in dem Leben des großen Ganzen wie in den Geschicken des Einzelnen. Wir gewahren sie nur darum nicht, weil uns das Auge ist verschlossen, weil wir nicht sehen wollen; weil wir uns selber einen Schleier überwerfen, der die Seele uns verhänget und über die denkwürdigsten und bedeutsamsten Stellen unseres Erdenganges sich hinbreitet; weil wir in der nächsten Stunde vergessen haben, was in der vorigen uns ist widerfahren; weil wir nicht als Israeliten, als Diener Gottes, die in seinem Lichte und in seiner Wahrheit wandeln sollen, sondern unerweckt und ungemahnt Tag um Tag und Jahr um Jahr sich abwickeln lassen; weil wir den Geist brach und das Herz öde liegen lassen; weil wir die einmal gefaßten Vorurtheile und Irrthümer durch das ganze lange Leben mit uns tragen, daß wir älter werden an Jahren, aber unmündig bleiben und unreif im Geiste; weil wir uns selber nicht anbauen und bilden, sondern willenlos den Einflüssen und Bestimmungen unwahrer Verhältnisse und erlogener Ansprüche uns hingeben, daß sie uns über den Kopf und in das innerste Mark wachsen und wir oft in dem entscheidendsten Augenblicke des offenen empfänglichen Sinnes ermangeln, der uns so sehr noth thut.

Jener oberflächlichen Aeußerlichkeit und Gedankenlosigkeit, die das Leben zu einem wirren gesetzlosen Spiele einander drängender und verwirrender Begebnisse macht, die das Innere des Menschen leer und unerweckt lassen, stellt sich die in sich selber klare und bewußte Gotteslehre entgegen.

Es soll der Mensch was sich mit ihm begiebt nicht als ein Gleichgültiges über sich hingehen lassen; es soll vielmehr tief in das Innerste hineindringen und dem Rufe von außen eine innere Stimme antworten. Denn was uns immer im Leben geschehe und begegne — es ist ein Ruf Gottes in unsere Seele, eine Stimme aus der Höhe, die das Echo im Gemüthe wecken soll. וזכרה את כל הדרך אשר הוליכך ה׳ אלהיך „So gedenke des ganzen Weges, den Gott dich hat geführt!" Was du gelebt, das sollst du erlebt haben; was du äußerlich erfahren, soll mit unvertilgbaren Spuren in dein Inneres gegraben sein.

II.

למען ענתך לנסתך „Um dich leiden zu laſſen, um dich zu verſuchen." Der Weg, den Gott uns führt, er geht oft durch Noth und Mühſal. Es iſt uns nicht ſelten beſchieden zu darben und zu leiden; es ſchauet unſer Auge oft Jahre lang vergebens nach der Erfüllung unſeres innigſten Herzenswunſches aus. So nahe und doch ſo fern, faſt greifbar und doch unerreichbar winkt dir die Frucht, an dem Lebensbaume nickend, ohne in deine' Hand zu kommen. Iſt es der Hohn einer Schickſalsmacht, die ſich darin gefällt, dir neidiſch und mißgünſtig zu verſagen, wo es ſo leicht gewähren könnte? Meinſt du ein blinder Zufall ſchalte lieblos, launenhaft, willkürlich mit den Menſchenkindern? — Nein, mein Freund! Es iſt Gott, der Gott der Gnade und des Erbarmens, der dich alſo führet, leitet, erziehet, der dir verſagt weil er dir gewähren, nimmt weil er dir noch viel mehr geben will. Er läßt dich leiden לנסתך לדעת את אשר בלבבך „um dich zu verſuchen, um zu erfahren was in deinem Herzen iſt."

Um dich zu verſuchen läſſet er dich leiden. Das unreine Metall, das durch die Flamme nicht geläutert wird, es wird nicht rein und gediegen; es haften daran alle die Schlacken und Beiſätze, die ſeinen Werth verringern und ſeinem Weſen fremd ſind. Und deines Innern Gold und deiner Seele lauterer Gehalt, auch ſie bedürfen des Läuterungsfeuers und des Schmelztiegels. Darum führet Gott den Menſchen, den er erziehen und erwecken will, durch die Flamme, die reinigende härtende Flamme der Entbehrung und Noth. Der ganze Reichthum der in uns liegenden Kraft, die unendliche Fülle des höhern Seelengehaltes, der in uns ſchlummert, wird in den ſchweren verſuchungsvollen Augenblicken des Lebens erſt in uns und von uns erkannt. Wir erfahren uns ſelbſt, wir lernen uns ſelber achten, wenn uns die harten Prüfungen und Verſuchungen des Lebens heimgeſucht und wir in ihnen ſind treu erfunden worden. Wohl iſt es behaglicher und bequemer, alle Jahre ſeines Daſeins in eintöniger Ruhe und gleichmäßiger Stille verlaufen zu ſehen; aber ich bitte euch, meine Freunde, wen werdet ihr lieber aufſuchen, um von ihm zu lernen? Den Landmann, der von der Welt nichts weiter kennt als den eng umfriedeten Raum des Feldes, das er bearbeitet, der keine andere Aufgabe hat erfüllet als ſeiner Flur zu warten, der kein höheres Ziel erſtrebet als den Pflichten ſeines begrenzten Berufes zu genügen, — oder den vielgeprüften weitgereiſten Wanderer, der Sturm und Wetter

hat bestanden, vor dem die empörte Fluth den weiten Rachen aufgethan, dem die Thore des Todes waren geöffnet und die Schlünde
der Unterwelt gähnten? יורדי הים באניות עשי מלאכה במים רבים
המה ראו מעשי ה' ונפלאותיו במצולה „Die das Meer auf Schiffen
befahren, Geschäfte verrichtet auf mächtigen Gewässern, sie haben gesehen die Werke des Ewigen und seine Wunder in der Tiefe." [1]

Und mit dem Leben im Großen und Ganzen ist es nicht anders.
Seines innern Adels und seiner unzerstörbaren Gotteskraft wird nur
der Geprüfte, durch die Versuchungen und Schickungen Gottes Be-
lehrte sich bewußt. An diesem Feuer schmelzen die Schlacken, jede
uneble Mischung scheidet sich aus und das reine Gold der Wahrheit
bleibet zurück.

Das ist die große erhabene Ansicht von der Bedeutung des Un-
glücks und des Schmerzes, wie die Gotteslehre sie aufstellt und lehret,
und wie sie ein Jeder in Israel, der dieses Namens würdig sein
will, in sich ausbilden und durch die That bewähren und ausprägen
soll. Ich nenne diese Ansicht groß und erhaben, weil sie allein dem
Gedanken von der Gerechtigkeit und Liebe Gottes, weil sie allein dem
Gedanken von der Würde und Bestimmung des Menschen gemäß ist.
Ist zwischen Gott und dem Menschen, zwischen Himmel und Erde
ein Band geknüpfet, ein unauflösliches Bündniß geschlossen, schauet
aus des Himmels Höhen ein ordnendes wachendes fürsorgendes Auge
in die Tiefe: so siehet es nicht müßig deinen Leiden zu, weidet sich
nicht mit grausamer Wollust an den Zuckungen deines Schmerzes;
nein! was dich trifft ist zu deinem Heil und Besten. Denn
größer und schöner erscheint der Mensch nimmer, als wenn er, von
allen Seiten umbränget, ohne Trost und Zuspruch der Freunde, in
seinem eigenen Innern die Gewalt des bohrenden Schmerzes fühlet
und nicht erliegt, nicht erliegt in dem Glauben an Ihn, der nicht zur
Lust quälet und drücket, sondern להיטבך באחריתך „um dir wohlzu-
thun in deiner Zukunft" [2]), daß du gestärkt und bewährt stets in dir
selbst die Kraft und den Muth findest.

In solcher Entsagung und Hingebung, in solcher stillen gediegenen
Kraft des Innern strahlten die Frommen und Heiligen Israels.
Ob Abraham den Stachel empfunden, die tiefste Wunde, die dem
fühlenden Herzen konnte geschlagen werden, als er seinen einzigen
Sohn sollte hinlegen auf den Altar des Herrn? — O, er hat ihn

[1]) Ps. 107, 23 f. — [2]) 5. Mos. 8, 16.

empfunden, mit taufend Widerhalen bohrte sich das Weh in seine Seele. Und doch war er stark; denn es galt vor sich selber und seinem Gotte gegenüber in der Reinheit und Wahrheit seiner Liebe sich zu bewähren. Darum zaudert er nicht und zögert er nicht. — Und als an dem Tage der Wonne und heiligen Lust ein Strahl aus heiterm Himmel zudte und Aharon's Söhne in ihrer Blüthe und Kraft hinraffte, da fühlte der Vater die ganze Gewalt des ihm beschiedenen Wehs. Aber „Aharon schwieg" וידם אהרן¹) und murrte nicht; der Opferpriester, der des sündigen Volkes Spende hinbringen sollte vor Gottes Thron, er brachte willig das erste schwerste größte Opfer in demuthsvoller Entsagung.

Darum auch betet jener heilige Sänger: בחנני ה' ונסני צרפה כליותי ולבי „Versuche mich, Ewiger, und prüfe mich; läutere meine Nieren und mein Herz!"²) Es ist eben dieser Gedanke, daß das Leid nur eine Läuterung und Prüfung sei, was den Frommen Muth und Kraft, Freudigkeit und Stärke giebt, auch das Schwerste zu ertragen. Sie wollen, daß der in ihnen liegende Gottesfunke zur hellen heiligen Flamme werde, angefacht und angeweht von dem Odem des Herrn. וידעת עם לבבך כי כאשר ייסר איש את בנו ה' אלהיך מיסרך: ושמרת את מצות ה' אלהיך ללכת בדרכיו וליראה אתו „So erkenne in deinem Herzen, daß, wie ein Mann seinen Sohn zieht, der Ewige dein Gott dich zieht, und beobachte die Gebote des Ewigen deines Gottes, in seinen Wegen zu wandeln und ihn zu fürchten." In deinem Herzen sollst du diese Erkenntniß tragen als Licht und Trost, als Lösung aller Räthsel, als Antrieb zur Gläubigkeit und Hingebung selbst in der schwersten Versuchung. —

„Dich versuchen will Er, לדעת את אשר בלבבך damit Er erfahre, damit du erfahrest, was in deinem Herzen lebt." Aufwecken will er dich aus deiner Trägheit und aufrütteln aus deinem Schlummer. Denn gar zu leicht läßt der Mensch seines Innern Stärke und seines Geistes Kraft verfallen; gar zu leicht fällt er der Trägheit in die Arme, wenn das Leben ungestört und eben dahinfließt. Es gehet Ein heiliges Bedürfniß nach dem andern, Ein Antrieb zur Vollendung nach dem andern dem Gemüthe aus, wenn es nicht durch eine Gottesstimme wird gemahnet und erwecket. Freilich giebt es der Gottesstimmen in uns und in seinem Worte genug, und sie reden

¹) 3. Mof. 10, 3. — ²) Pf. 26, 2.

vernehmlich und eindringlich, aber die Wenigſten hören und achten darauf.

Dem Eliah erſcholl die Gottesſtimme nicht in Donner und Blitz, nicht im lauten Sturme und im Berge entwurzelnden Orkane. Er hörte קוֹל דְּמָמָה דַקָּה den Schall eines leiſen Geflüſters [1] und verſtand ihn. Aber das iſt Wenigen gegeben, daß ſie immer öffneten das Ohr und den Sinn aufthäten, daß ſie nach dem Worte des Weiſen von ſich ſagen könnten: וְרוּחַ עַל פָּנַי יַחֲלֹף תְּסַמֵּר שַׂעֲרַת בְּשָׂרִי „Wenn ein leiſer Hauch an mir vorüberſtreifte, ſträubte ſich mir ſchon das Haar." [2] Vielmehr gilt von uns im Allgemeinen das Wort: כִּי בְאַחַת יְדַבֶּר אֵל וּבִשְׁתַּיִם לֹא יְשׁוּרֶנָּה „Auf die Eine Weiſe redet Gott und auf die andere Weiſe: man achtet nicht darauf." [3].

Solcher Schwäche und Ohnmacht kommt das Gotteswort zu Hülfe und mahnet, wie wir uns rüſten und wappnen ſollen den Ge- ſchicken des Lebens entgegen, die als Boten und Herolde Gottes an uns ſich wenden die zu uns reden und uns erinnern an ihn und an uns.

Wie tief und innig der Glaube an Gott, die Ueberzeugung von ſeiner Liebe, Wahrheit und Gerechtigkeit in uns wurzle, das erfahren wir nur in ſolchen Wendungen unſeres Lebensganges, wo die Straße rauher, die Ausſicht dunkler, der Weg mühſamer und beſchwerlicher wird. Da entſinket dem Kleingläubigen der Muth, und der Zaghafte wird irre an Ihm und an ſich ſelber. Wohl meinten Manche in dem Glauben und Vertrauen' auf Ihn ihres Innern Ankergrund zu beſitzen; wohl ſind ſie bereit, von der Güte Gottes und ſeinem Bei- ſtande obenhin zu reden und durch abgedroſchene Redensarten und Ausdrücke ſich ſeiner Führung anzuvertrauen, ſo lange er ihnen reich- lich giebt und ſie durch ſolche heuchleriſche Ergebung noch mehr von ihm zu erlügen und zu erſchleichen hoffen. Was der Ankläger im Buche Jjob ſagt: „Siehe, du haſt um ihn einen Zaun gemacht, ſeine Heerden haſt du geſegnet, ſein Hausſtand blühet, ſeine Kinder ge- deihen. Verſuche es, lege Hand an ihn, ob er ſich bewähren wird!" [4] — das ſchauervolle Wort gilt uns Allen. Für den Segen, der jeden Augenblick uns zuſtrömt, für die Gnade und Liebe, für die Spenden, die uns ohne unſer Wiſſen und Wollen auf jedem Schritte zuſtrömen — wo ſind die lebenswarmen Worte des Dankes, wo das aufwallende

---

[1] 1 Kön. 19, 12. — [2] Jjob 4, 15. — [3] Daſ. 33, 14. —
[4] Daſ. 1, 10f.

Gefühl der Erkenntlichkeit dafür? Doch bei der leisesten Störung deines Friedens, bei dem geringsten Verlust in deinem Besitze ziehen unfehlbar düstere Wolken über dein Gemüth heran, erwacht der Unmuth im Herzen, quälet dich die kleinliche zweifelvolle Angst und Sorge. Ziemet Solches dem Bekenner der Gotteslehre, der, je gewaltiger von außen angefaßt, desto kräftiger und muthiger sich in seinem Innern fassen soll, dem, je heftiger ihn der Schmerz ergriffen, desto reicher und ergiebiger die Quellen im Innern rauschen und strömen müssen? אם רואה אדם שיסורין באין עליו יפשפש במעשיו, פשפש ולא מצא יתלה בבטול תורה „Siehet der Mensch, daß Leiden über ihn kommen, so durchsuche er seinen Wandel und seine Werke;" wem aus der Hand Gottes ein Weh ist bereitet worden, der erfährt und erforscht seines Innern Kraft und seiner Ueberzeugung Macht; da kann er die Bewährung seiner Gesinnung, die Lauterkeit und Festigkeit seines Glaubens suchen und finden. „Sucht er in seinem Innern und findet Nichts," — ist er unmuthig und zag, weil ihm die Macht der Religion, die Kraft des Glaubens und die Ergebung in Gottes Willen fehlt, — „dann soll er diese Kleingläubigkeit und Ohnmacht, diese Schwäche und Hinfälligkeit nur der von ihm verschuldeten Versäumniß der Gotteslehre beimessen." [1]

III.

Und das Leid und das Weh des Lebens, es soll uns lehren כי לא על הלחם לבדו יחיה האדם כי על כל מוצא פי ה׳ יחיה האדם „daß nicht durch und um das Brod allein der Mensch lebt, sondern durch und um Alles, was aus dem Munde des Ewigen kommt." Das ist die Krone, der Schlußstein der ganzen Lehre, die innerste Seele des Gottesworts. Ueber allem Erdenleben mit seinen Gütern und Reizen, mit seinen Reichthümern und Verheißungen, mit seinen Trübsalen und Nöthen, mit seinen Entbehrungen und Versagungen, über allen Schleiern und Nebeln, über allen Wolken und Hüllen soll das Haupt, das unsterbliche, das Auge, das ungetrübte klare, empor zu dem Himmel sich richten. der Gedanke an Gott mit seiner Alles bezwingenden Macht, der Glaube an ihn mit seiner Tröstung und Stärkung, die treue Hingebung in sein ewiges Wort den Menschen erhöhen und erheben. Nicht um das Brod lebt der Sterbliche und nicht um Das, was dem Leibe gehöret, nicht um die Scheingüter

---

[1] Berach. 5ª.

der Erde und die so leicht abwelkenden Blüthen des leiblichen Ge-
nusses; nein! er lebt für Das und um Das, was aus dem
Munde Gottes geht. Das Ewige und Unsterbliche in ihm, das
sei sein Führer und Leitstern auf dem Wege, das beherrsche und regiere
sein Dasein; dessen Scepter soll all das Lügenhafte und Täuschungs-
wesen sich fügen, woran der Troß seine Liebe und seine Kraft ver-
geudet!

Nicht um das Brod lebt der Mensch, sondern um Das,
was aus dem Munde Gottes kommt; er lebt für Gottes ewiges
Wort, daß er es erfülle, daß er danach und darin lebe, daß es in
seiner Seele seine Heimath und Stätte gründe und der ganze Mensch
ein Tempel des Herrn sei. Welcher Schatz der Erde wieget eine lichte
Ueberzeugung deines Geistes auf? Welcher Ruhm und welcher Rang der
Erde kann dir die hohe Stelle ersetzen, die du dir selber geben kannst
im Reiche des Geistes, in dem Tempel göttlicher Wahrheit? Vor
Dem, der in Gott und in dessen Geheißen treulich lebt, vor dem
Frommen und Weisen, schrumpft die Fülle des reichsten Besitzes, die
glänzendste Pracht zusammen und liegt fahl und welk ihm zu Füßen.
Wer war größer? Elias, der, göttlichen Eifers voll, glühend und
flammend von Begeisterung für Gott und sein Wort, getrieben von
der Macht der kühnsten höchsten Gedanken und Empfindungen, der
in der Wüste weilte in dem härenen armseligen Prophetenmantel, ohne
Speis' und Trank, ohne leibliche Kost und Erfrischung, zum Tode
betrübt um das sündige Volk? Oder der König Israels, der
hochmüthige Frevler auf dem Throne, der in seinen geräumigen Sälen
unter Prunk und Glanz ein gottloses Dasein verbrütete, ohne Licht
im Geiste, ohne Wärme im Herzen, ohne Frieden in der Seele,
ohne Ahnung von der Seligkeit des Himmels? Wer von Beiden lebte?
Wer von Beiden war der Stärkere und der Mächtigere? Der über-
müthige Tyrann mit seinen Heeren und Schaaren, oder der ein-
same wehrlose Prophet, dessen flammendes Wort mit Donnergewalt
in die Seele des Sünders drang, daß sie aufbebte und erzitterte von
ihrer Stelle? –

Das ist der Sieg des Göttlichen über das Unheilige und Un-
göttliche, der Feiergesang des Unsterblichen in seiner Glorie und Allmacht über das kleinliche verächtliche Wesen der Erde und ihres
Scheines und ihres Truges und ihres Wahns! —

So soll auch über jeden Schmerz und jeden feindlichen Angriff
des rauhen Lebens das Unsterbliche in uns siegen, so soll es als

sieggekrönter Held seine ohnmächtigen Widersacher bezwingen und zu Boden werfen.

Wer so das Leben betrachtet, wer so ringet und kämpfet, der ist ein Gotteskämpfer, ein tapferer Streiter, der ist im wahrhaften Sinne des Worts ein Israelit, von dem es heißt, wie von dem Patriarchen: כי שרית ... ותוכל „Du haft gerungen und gesiegt[1]); an dem erfüllet sich das Wort: להיטבך באחריתך „Gott wird dir wohlthun in deiner Zukunft", denn nur dich zu versuchen sendet Gott des Lebens Unfälle und Mißgeschicke. Die Opfer, die du bringest, ihm bringest, die bringest du dir selber zu deinem Heil und deinem Segen. Aus den Blüthen, die vertrocknet sind in deinem Lebenskranze, gehet eine Frucht, eine edle heilige, hervor; sie reift in deinem Innern als erhebendes Bewußtsein, als beseligende süße Ueberzeugung von deinem innern Reichthume. Wer mit dem Schmerze hat gerungen, wer in vollen Zügen das Weh hat getrunken, es als eine Gottesgabe hingenommen und willig und demüthig den Kelch geleert, — er hat Kraft und Frische gewonnen, ihn hat Gott zu dem Seinen gemacht.

Es heitert sich der Himmel wieder, der so bewölkt über deinem Haupte sich ausbreitete, es gehet die Sonne des Heiles dir auf in dir selber; näher deinem Gotte, reiner in dir selbst, verklärter heiliger gehst du aus solchen Prüfungen hervor. — מתוך בעם רצון שנאמר הרף ממני ואשמידם מיד וינחם ה׳ על הרעה. מתוך רגז רחמים שנאמר כרגז רחם תזכור. מתוך צרה רוחה שנאמר עת צרה היא ליעקב וממנה יושע. מתוך רחוק קרוב שנאמר במקום אשר יאמר להם לא עמי אתם יאמר להם בני אל חי. מתוך נפילה קימה שנאמר כי נפלתי קמתי. מתוך אפלה אורה שנאמר כי אשב בחשך ה׳ אור לי „Aus dem Zorne Gottes erwächst seine Gnade, aus dem Groll Erbarmen, aus der Bedrängniß Wohlgefühl, aus der Entfremdung Annäherung; auf Israels Fall folgt unmittelbar dessen Erhebung, auf der Leiden Finsterniß des Heiles Licht"[2]). Denn unendlich, wie die Himmel sich wölben, ist des Herrn Erbarmen und seine Liebe. Er zürnet nicht ewiglich und nicht für immer strafet er. Er züchtiget und erziehet uns, wie der Vater sein Kind. So murre nicht bei seinem Strafgerichte, und horche seiner Stimme! —

---

[1]) 1. Mos. 32, 29. — [2]) Jalkut 5. Mos. 85, 2. Für הרף ממני ואשמידם (5. M. 9, 14) ift daf. תעיתת לי ייחר אפי כרם ואכלם (2. M. 32, 10) zu lesen.

Um diesen Glauben und diese innige Hingebung an dich beten wir zu dir, o Gott! daß wir dir treu und kindlich anhangen und deinem Rufe folgen. Bewahre uns vor den schweren Prüfungen und harten Fügungen des Lebens. Denn wir sind hinfällig und schwach; wie sollten wir bestehen? — Weihe uns mit dem Geiste der Liebe und Ergebung in deinen Willen, daß wir nimmer von dir weichen und ablassen; stehe uns bei in jeder Lage des Lebens; lehre stärke erleuchte uns, daß wir deines Namens Verherrlichung als unser höchstes Ziel, dir zu dienen als unsere einzige Pflicht, deinem Worte zu horchen als das süßeste und schönste Lebenswerk erkennen! Sei uns nahe mit deiner Liebe und Huld! Ob du gebest oder nehmest — dein Name sei gebenedeiet! Amen.

XLVI

Die Lehre von der sittlichen Freiheit des Menschen.

פרשת ראה.

5. Mos. 11, 26—28.

ראה אנכי נתן לפניכם היום ברכה וקללה: את הברכה אשר
תשמעו אל מצות ה׳ אלהיכם אשר אנכי מצוה אתכם היום: והקללה אם
לא תשמעו אל מצות ה׳ אלהיכם וסרתם מן הדרך אשר אנכי מצוה
אתכם היום ללכת אחרי אלהים אחרים אשר לא ידעתם:

„Siehe, ich lege euch heute Segen und Fluch vor: den Segen,
so ihr gehorchet den Geboten des Ewigen eures Gottes, die ich euch
heute gebiete; und den Fluch, wenn ihr nicht gehorchet den Geboten
des Ewigen eures Gottes und weichet von dem Wege, den ich euch
heute gebiete, so daß ihr fremden Göttern nachgehet, die ihr nicht
kennet."

Das sind die Worte, mit denen, meine Andächtigen! der heutige
Wochenabschnitt anhebt; sie sollen es auch sein, die wir in ihrer
Bedeutung und nach ihrem Inhalte uns auslegen und einprägen
wollen. —

Wenn die lernbegierigen Weisen Jsraels mit einem erfahre-
nen oder frommen Manne ein Gespräch gehabt, das ihnen irgend
eine Lehre der Weisheit, der Religion oder Sittlichkeit als Mitgabe für
das Leben eintrug, so pflegten sie für solchen Gewinn und solche Bereicherung ihrer Erkenntniß und Einsicht ihren Dank mit den Worten auszusprechen: אלו לא באנו אלא לשמע דבר זה דיינו „Wären
wir nur gekommen, um das Eine zu hören und zu lernen, wir
wären zufrieden und hinlänglich belohnt" [1]). — Wir wenden das

---
[1]) Berach. 16a.

Wort auf den eben gelesenen Ausspruch der Gotteslehre an und dürfen ebenfalls sagen: Wären wir auch nur um des Einen willen
hierhergekommen, hätte die Gotteslehre uns Nichts weiter gelehrt
und keinen weitern Ausspruch uns übergeben: wir müßten mit freudigem Danke und inniger Erhebung Demjenigen Lob und Preis spenden, der uns die Lehre der Wahrheit gegeben und das ewige Leben in
unsere Mitte gepflanzt [1]). אשר נתן לנו תורת אמת וחיי עולם נטע בתוכנו

Bedürfte es eines Zeugnisses für die Wahrheit der Lehre,
ich schlüge unsern Text auf, und ohne ein Wort der Erläuterung
und Verständigung müßte er Beweis und Zeugniß sein; bedürfte
es einer Stelle, aus der wir uns selbst überzeugten, daß der
Baum des Lebens, ewigen heiligen Lebens, in unsere Mitte gepflanzt
worden, daß der Boden Israels ihn zu tragen und zu bewahren berufen und bestimmt sei, — was brauchten wir mehr als jene wenigen
Worte? — So euch irgend eine von Menschenhänden künstlich ge-
fügte Arbeit angeboten wird, die euch der Künstler wegen ihrer Nütz-
lichkeit und Zweckmäßigkeit anpreist, indem er euch auf die Vorzüge
des Werkes hinweist und dieselben mit aller Umständlichkeit und Aus-
führlichkeit auseinanderlegt und euch anrühmt: ihr werdet zweifelnd
und unentschieden ihm zuhören. Ganz natürlich! Lobt doch ein Jeglicher was er verfertigt hat, hält sein Thun und Schaffen für das
Beste und Gelungenste und möchte, wie es ihm selbst ein Vorzügliches
däucht, es auch Anderen als einen Ausbund der Vollkommenheit dar-
legen! — So er euch hingegen schlicht und unbefangen ausspricht:
„Siehe, Das und Das ist der Zweck meiner Arbeit gewesen, durch
diese und jene Mittel habe ich ihn zu erreichen gesucht; ich weiß es,
daß dies mein Werk auch dir denselben Dienst leisten wird wie mir;
willst du's nehmen, hier ist es! Willst du's lassen, mir ist's recht;
denn ich biete es dir an um deinetwillen, nicht um meinetwillen; ich
sah, daß du diese und jene Schwierigkeit, dieses und jenes Ungemach,
diesen und jenen Uebelstand zu erleiden und zu bestehen hattest; so
wollte ich dem Allem begegnen, indem ich dir Das zeigte, was dich
von allem Quälenden und Widerwärtigen befreien könnte": da werdet
ihr dankbar zulangen, das Angebotene empfangen und hinnehmen.
Denn es ist eure Wahl, in die es gestellt, euer freier Wille, dem es
anheimgegeben ist. Ihr könnt nehmen oder abweisen, empfangen
oder das Empfangene verschmähen. Ihr seid sicher, daß das An-

---

[1]) Schlußgebet des zur Torah Gerufenen nach Soferim 13, 8.

erbieten nur eurem Beſten galt ohne Nebenabſicht, ohne engherzigen Beweggrund auf der Seite des Anbietenden.

Blindlings uns einer fremden Willensmacht hingeben, uns beſtimmen laſſen von außen her, und wär' es um den Preis des Beſten und Schönſten, des glänzendſten reichſten Geſchenkes, — wer könnte, wer möchte Das? Wer möchte das herrliche Gut ſich aufnöthigen laſſen, ohne mit ſich ſelber vorher berathen, mit ſich ſelber Zwieſprache gepflogen zu haben? Wer möchte dem überlegenſten Geiſte, der überwältigendſten Kraft der Rede gegenüber ſich ſelbſtlos aufgeben und Meinung oder Lehre, Geſetz oder Ueberzeugung ſich aufzwingen, aufnöthigen laſſen? — Selbſt die Wahrheit, wenn ſie als Machtſpruch ſich uns ankündigte, würden wir abweiſen, ſo lange nicht unſer eigenſtes Denken und unſeres Innern Bedürfniß zuſtimmt und wir aus freier Wahl und zwanglos uns ihrem Ausſpruche fügen dürfen.

Und das iſt der Kern und Gehalt des großen Wortes, das wir zum Inhalte unſerer Betrachtung genommen. Darum iſt es von ſo unſchätzbarem Werthe und ſo hoher Bedeutung.

Es ſind aber drei Punkte, die uns der Ausſpruch einſchärft, drei Säulen, die er aufführt, als Pfeiler und Stützen des ſittlichen und religiöſen Lebens:

1) die Lehre von der ſittlichen Freiheit des Menſchen,
2) die Anweiſung zu ihrem rechten Gebrauch,
3) die Folgen, die aus dieſem ſich ergeben.

Und wer die darin liegende ſittliche Aufgabe des Menſchen in ihrem ganzen Umfange faßt und erkennt, in ihrer Würde und Bedeutſamkeit auf's neue ſtets ſich vorführt, der hat, nach dem Worte der Schrift, das Leben gewählt[1]), der hat das Lebenswerk recht begonnen und vollendet; er wandelt auf dem Wege Gottes und hanget ihm an.

I.

הכל בידי שמים חוץ מיראת שמים „Alles ruht in der Hand Gottes, nur nicht die Gottesfurcht"[2]) lautet ein Spruch der Alten, den wir uns öfters vorgeführt haben. Die Gottesfurcht und was aus ihr hervorgeht iſt es, was Er von dir fordert als dein Werk, was du ihm bieten ſollſt als deine Spende. ועתה ישראל מה ה' אלהיך שאל מעמך כי אם ליראה את ה' אלהיך „Und nun, Israel,

---

[1]) 5. Moſ. 30, 19. — [2]) Berach. 33 b.

was verlangt der Ewige dein Gott von dir, als daß du ihn fürchtest?"[1]) Und ob auch Alles in dem großen Weltenbau von ihm geordnet und festgestellt ist; ob auch Alles, Alles, was das Auge sieht und das Ohr hört, auf sein Gebot in das Leben eingetreten; ob auch sein Wille schaltet überall und an seinem Munde die zahllosen Welten hangen: daß du ihn fürchtest, daß du ihm mit treuer gläubiger Seele anhangest — das fordert er von dir.

Es erzählen die Himmel die Ehre Gottes; es künden seine Herrlichkeit das Gleichmaß und die ungestörte Ordnung in dem Kreislaufe der Himmelskörper, daß ein Jegliches seine Bahn einhält, die das Machtgebot des Urhebers und Meisters ihm vorgezeichnet, daß Keines heraustritt aus seinem Geleise und den Frieden und die Harmonie des Ganzen stört. In stiller Ruhe zeugt Jegliches an seiner Stätte und kündet von der ewigen Weisheit und dem planvollen Willen seines Ordners. Doch das ist des Herrn eignes Werk, seiner Schöpfungskraft wunderbarer Ausfluß. Daß Gesetz und Maß, Einheit und Eintracht in den Gebieten und Reichen der Schöpfungen waltet[2]), der Baum seine Frucht giebt zu seiner Zeit und die Erde ihren Ertrag dem Menschenfleiße; daß dem suchenden und Alles durchforschenden Triebe die geheimsten Schachten sich aufthun und die Tiefen ihr Verborgenstes enthüllen; daß das Meer in seinen Ufern gebannt ruht und, ob seine Wogen rauschen und seine Brandungen schwellen, dem Worte Dessen gehorcht, der ihm Riegel und Pforten gestellt, — es ist des Weltenlenkers Gesetz und Gebot, seine unabänderliche Fügung und Weisung. ואמר עד פה תבוא ולא תסיף ופא ישית בגאון גליך „Ich sprach: Bis hieher kommst du und nicht weiter, und hier stehe es dem Trotz deiner Wogen"[3]).

Hier waltet das eiserne Scepter des unauflöslichen Gesetzes, der unabänderlichen Nothwendigkeit. Jene Stille und Ruhe, jene Ordnung und jenes Gleichmaß — sie sind nicht die Frucht eigner Wahl nicht das Werk freier Unterordnung und Ergebung in einen höhern, Alles umschließenden und umspannenden Willen; es ist der stumme willenlose Gehorsam gegen die festgestellte Ordnung des Alls. מי לא ידע בכל אלה כי יד ה' עשתה זאת „Wer wüßte nicht von all Dergleichen, daß die Hand des Ewigen Solches gemacht"[4])?

---

[1]) 5. Mos. 10, 12. — [2]) Ijob 25, 2: עשה שלום במרומיו. —
[3]) Das. 38, 11. — [4]) Das. 12, 9.

Aber mitten unter diesen stummen willenlosen Zeugen und Boten Gottes steht der Mensch mit der Kraft des Wollens gerüstet, mit dem wunderbaren Spiel einander feindlicher befehdender Mächte in der Brust, mit den Schaaren und Heeren von Wünschen und Neigungen, Gaben und Fähigkeiten; der Mensch, in dem das Licht und die Finsterniß, Tag und Nacht, Himmel und Erde miteinander ringen um die Herschaft und ein Jegliches dem Andern den Rang und die Stätte möchte streitig machen; der Mensch, der freie, an den die Welt mit ihren Gaben und Reizen, mit ihrer reichen Pracht und Schönheit, mit ihrer Fülle und ihrem Glanze sich herandrängt, daß sie ihn berücke und in ihr Netz ziehe; in dem der begehrliche Trieb so willig horcht der verlockenden Stimme, in dem aber mahnend und ernst ein Ruf des Himmels ertönt, der ihn warnt und zurückhalten möchte. Ob er sich hineinstürze in den Strom, der ihn umrauscht, und in demselben untergehe, oder fest und unverzagt am Ufer stehe und auf das Wogen und Rauschen von gesicherter Stätte hinabsehe; ob er folge dem bunten vergänglichen Spiele, das ihn blendet, oder ungebeugt und unberührt die Schattenbilder an sich vorüberziehen lasse, — darüber entscheidet kein fremdes Gebot, kein Zwang von außen; kein Bann eines unentfliehbaren Willens bindet und hält ihn; והרשות נתונה „die Wahl ist frei" [1]).

Darum eben lehren die Weisen: הכל בידי שמים חוץ מיראת שמים „Alles liegt in Gottes Hand", dein Leib und dein Leben, dein Glück und dein Schmerz, deine Freude und deine Trauer; was dich zur Erde beugt mit eisernem Joche — die Hand des Herrn kann es von dir nehmen, und du gehst frei und froh einher; כי השפילו ותאמר גוה „wen man niedergedrückt, dem verheißt Gottes Ausspruch Erhebung" [2]); und ob du auf den Höhen des Glückes thronst und inmitten der Sterne habest errichtet dein Nest, משם אורידך נאם ה' „von da werde ich dich hinabstürzen, spricht Gott" [3]). Ob du aber ihm gehören willst mit deinem ewigen unsterblichen Theil; ob du es ihm weihen willst zu seinem Dienste, zu heiligen gottgefälligen Werken; ob du ihm nachgehst und seine Spuren suchst, oder dich von ihm wendest und der Sünde verfällst, — das liegt in deiner Hand.

Und diese Wahrheit, den Grund und Boren aller Sitte und Religion, diesen höchsten Schmuck und Adel des Menschen spricht die Gotteslehre in jenen schlichten Worten aus. Höher geehrt und gewürdigt konnte der Mensch nicht werden, als indem er in seiner sitt-

---

[1]) Aboth 3, 15. — [2]) Jjob 22, 29. — [3]) Obadja 1, 4.

lichen Freiheit anerkannt wurde; einen höhern Rang und eine glän=
zendere Auszeichnung konnte ihm das Gotteswort nicht zusprechen
und zuerkennen, als indem es ihn selbst in der schöpferischen Kraft
seines Wollens als Herrn und Meister seines Lebens und Wirkens,
als Gebieter und schaltenden Herscher hinstellte. Und sich selber höher
ehren konnte die Gotteslehre nicht, als indem sie so den Menschen
auffaßte und darstellte und ihn, den sie rings mit Geboten und Leh=
ren umgiebt, so aus ihrer Gewalt entlassen, so auf seine eigene Kraft
angewiesen und in sein eigenstes Gebiet heimgesendet, daß er aus eige=
ner Neigung zu ihr sich wenden und in ihr Gebiet einziehen könne.

Wenn nun die Feinde Israels, die Feinde des Glaubens, die
den ewigen göttlichen Gedanken, der die Lehre Israels als Hauch
und Odem, als Seele und Lebensquell durchbringet, ihr abstreiten
möchten, zu euch sagen, das Gebot und das Joch der Anordnungen
und Uebungen und nichts Anderes bildeten das Wesen des Juden=
thums, so weiset sie an unser Texteswort! Fraget überall herum
und nach, ob es eine höhere würdigere wahrere Ansicht von dem
Menschen und seiner Würde, von seinem Werth und seiner Bedeutung
gebe, als die ihm hier verliehene! „Siehe, ich lege dir heute vor
Segen und Fluch". Es liegt Beides vor dir; du kannst das Eine
oder das Andere wählen, du kannst das Rechte und Würdige von dir
weisen und dich dem Unrechten und Unwürdigen zur Beute geben;
es ist deine Wahl, es ist dein Werk.

Dies macht den Menschen zum Ebenbild Gottes, dies ist das
Zeugniß seines Ursprungs aus dem Quell ewiger Allmacht und gött=
licher Kraft, daß mit dem Lichte unsterblichen Geistes ihm auch die
Freiheit in der Wahl seines sittlichen Verhaltens gelassen wurde.

Großer heiliger Gedanke der sittlichen Freiheit, der es uns ver=
gönnt, aus eigener Wahl und freiem Triebe, aus einem unbeschränk=
ten Wollen das Höchste und Edelste uns zum Ziele zu setzen, uns in
Kraft des Göttlichen in uns zu erheben und emporzurichten, über
uns selbst, über das Vergängliche und Sterbliche an uns, über das
Irdische und Niedrige an uns siegreich und machtvoll zu trium=
phiren! —

Welcher Werth käme unseren edelsten besten Handlungen zu, so
wir nicht die Fähigkeit besäßen, auch anders zu handeln; so wir nicht
das Rechte wollten, indem wir zugleich das Unrechte können; so wir nicht frei und ungehemmt wählten und bei dieser Wahl nur
den Aussprüchen der Wahrheit und des Rechtes gehorchten, der

Gottesstimme lauschend, Alles aber, was in uns täuschend und ver-
lockend ruft, als eitle lügenhafte Rede von uns weisen; so wir
nicht der Neigung und Begierde trotzend, die uns das Sündige mit
aller Pracht und Ueppigkeit, mit allen Reizen und Anziehungskräften
ausgestattet vor das Auge stellt, dem schweren Kampfe der Entsagung und Entbehrung freiwillig uns unterziehen aus einer höhern
Ueberzeugung, aus Gehorsam gegen das göttliche Gebot, wie es uns
offenbart ist im Worte und sich offenbart im Innern?

Auf dieser Ansicht von uns, meine Theuren! beruht unser Werth
und unsere Würde als Menschen. Ohne diesen Gedanken sind wir
blinde Werkzeuge, willenlose Maschinen, den Umständen und Verhältnissen preisgegeben, oder Sklaven, Leibeigne, die dem Leibe eignen und dem blinden Verlangen des Augenblicks, den ungestümen
Stürmen der Leidenschaft, den thörichten Anmuthungen und Anforderungen des Moments verfallen sind, ohne Kraft und Muth, ohne
Recht und Gesetz. „העבד ישראל אם יליד בית הוא מדוע היה לבז ‎„Ist
ein Knecht Jisrael oder ein Hausgeborner? Warum ist es zur
Beute geworden?" [1])

Glaubet ja nicht, meine Freunde! es sei genug, wenn wir diesen
Gedanken als vorhanden kennen, wenn wir als eine geläufige Redensart, als eine todte Formel ihn mit anderen uns angelernten und ein-
geübten Schlag- und Stichwörtern im Munde führen, oder wenn
wir mit scharfen Unterschieden und gründlichen Erörterungen oder in
erbaulicher, halb gefühlvoller Redefertigkeit davon schwatzen und reden,
ohne daß er in uns zur festen Ueberzeugung, zum Richtmaß und zur
Richtschnur unseres Thuns und Handelns sich befestigt, ohne daß er
der unerschütterliche Boden unseres sittlichen Lebens geworden, darauf
es ruht und feststeht. Denn solche Weisheit, die nur auf den Lippen sitzt, aber im Innern keinen Grund und Halt hat, die gilt wohl
draußen auf den Straßen, gilt vor den Schwachen und Gedanken-
losen, wo der Eine das Herz auf der Zunge, der Andere die Seele
im Ohre trägt. חכמות בחוץ תרנה Das sind „Weisheitsreden" und
Aussprüche, „die auf der Straße laut geprebigt werden" [2]); die ohne
Haus und Hof, obdachlos und heimathlos herumziehen, nirgends bleiben
und sich bewähren; die desto breiter über die Oberfläche sich ergießen,
je weniger sie aus der Tiefe kommen. Aber diese Weisheit gilt nicht
vor Gott, nicht vor dem strengen richtenden und prüfenden Blicke, mit

---

[1]) Jer. 2, 14. — [2]) Spr. 1, 20.

dem wir uns betrachten sollen, nicht vor dem Throne des ewigen Ge=
setzes der Wahrheit und der Gerechtigkeit. Dagegen gilt von der
echten wahrhaften Erkenntniß des Weisen Wort: חכמות בנתה ביתה חצבה
עמודיה שבעה daß sie „ein Haus sich bauet", sich eine Heimath und
Stätte schafft, darin sie gesichert weilt, daß sie „sieben Säulen sich
gründet" [1]), auf denen der Bau geborgen und gesichert ruhe. —

ראה אנכי נתן לפניכם היום „Siehe, ich lege es euch heute vor".
Jeden Tag wiederholt sich uns das Wort der Schrift; jeden neu
gegönnten Abschnitt unseres Erdenlebens sollen wir in diesem Lichte
betrachten und erkennen; Tag für Tag soll die Erkenntniß uns durch=
bringen, wie das Gotteswort uns mahnt, daß das Gebot der Liebe
zu Gott uns stets gegenwärtig sei [2]).

Und was wird jenes Wort uns frommen und nützen, wenn es
uns täglich neu erscheint? — Wir werden den Gedanken an die
Würde und Hoheit unseres Lebens, an unsre höhere Bestimmung
und Berufung nie aus dem Auge lassen. Ein jeder Tag ist ein neuer
Ruf an unseres Wollens Kraft, an unserer Seele Stärke, ein neues
Blatt, das in dem Gedenkbuche unseres Lebens beschrieben wird, so
gewiß wie jeder Tag uns zu neuem Kampfe ruft — יצרו של אדם
מתחדש עליו בכל יום „der sündige Trieb im Menschen erneuert und
verjüngt sich jeden Tag" [3]) — und uns in Prüfungen und Ver=
suchungen hineinführt, deren Preis uns nicht früher gereicht wird,
als in dem Augenblicke, der des Daseins Kreislauf endet und die
versuchungsvolle Bahn uns schließt, da ein Friedensengel den Kämpfer
und Sieger in das Reich des Lichtes und der Wahrheit führt.

Wollet ihr euch vor dem Tode schützen, vor dem Tode im Leben,
vor dem Untergange und Verfalle, während die Kraft des Leibes blüht
und die Fluth des Lebens noch reichlich fließt? — So höret und merket
das Wort der Lehre, das uns zu immer erneutem Ringen und Streben,
zu immer höherer Freiheit und Entwickelung ruft! — Und sind etwa nur
Die die Todten, die der Sünde verfallen und dem Laster sich haben
ergeben? Nicht auch die Anderen, die mit geschlossenem Sinn und ge=
bundener Kraft und verhülltem Antlitze vor Gott und seinen Offen=
barungen, vor sich selber stehen, ihrer reichen Begabung unkundig,
ihres Berufs vergessen? denen das Leben und sie selbst ein verschlos=
senes Buch geblieben? die nicht gelernt, als der Schmerz sie beugte;
nicht gehört, als des Geschickes drohende Stimme sprach; nicht ver=

---

[1]) Spr. 9, 1. — [2]) 5. Mos. 6, 5f. — [3]) Kidd. 30b.

ſtanden, was ein ernſt geſtaltetes Leben dem Menſchen zuruft? in be-
nen die Thorheit und die Verkehrtheit, der Wahn und die Verblendung
aus Einem Jahre in das andere hinüberreichen, aus der Jugend in
die Mannesreife, aus der Blüthe des Lebens in ſeinen Spätherbſt?
die heut und geſtern und morgen Dieſelbigen, mit denſelben Schwächen und Eitelkeiten, denſelben Gebrechen und Fehlern — ewige Kinder, weil ſie nie reif und mündig werden? — חור המדבר אין להם
„Das Geſchlecht חלק לעולם הבא שנאמר כמדבר הוה יהמ ושם יתמו
der Wüſte" — das blind und unerweckt bei dem augenſcheinlichen Walten Gottes geblieben — „hat keinen Antheil am ewigen Leben" [1]).

In dieſer Gedankenloſigkeit und Leere des Lebens verſchwindet
und reibt ſich auf des Willens Kraft, und das ewige unſchätzbare
Gut der Freiheit — es iſt ein weggeworfenes werthloſes Geräth.
Auch hier gilt das Wort des heutigen Wochenabſchnittes: לא
תעשון ככל אשר אנחנו עשים פה היום איש כל הישר בעיניו „Thuet
nicht wie wir heute hier thun, Jeglicher was recht iſt in ſeinen
Augen, ſondern לשבנו תדרשו ובאת שמה nur die Stätte Gottes, wo
er ſich offenbart und in uns ſeinem Glanz eine Stätte bereitet, die
ſuchet auf und dahin gelanget!" [2]) — לשבנו תדרשו ובאת שמה דרוש
על פי נביא יכול תמתין עד שיאמר לך נביא הלמוד לומר תדרשו ובאת
נביא לך יאמר כך ואחר ומצא דרוש שמה „Suche jene Stätte Gottes
nach der Weiſung ſeiner Propheten! Warte aber nicht, bis ein Gottesmann dich ermahnt, ſondern aus eigenem Antriebe erſtrebe ſie, und
die Zuſtimmung der Gottesmänner wird dir nicht fehlen" [3]).

II.

Der Midraſch giebt in einem ſinnigen Gleichniß den Geiſt und
Inhalt unſeres Textes alſo wieder: „Bei einer Mahlzeit, die ein
König veranſtaltete, habe er einen lieben Freund mit unter den Gäſten
eingeladen. Er wollte, daß der Freund das Beſte und Schönſte, das
aufgetragen wurde, ſich zum Antheile nehme. Der aber war nicht
ſcharfſichtig genug, und war eben im Begriffe, die edleren Früchte
ſtehen zu laſſen und die ſchlechteren zu nehmen. כין שראה שלא היה
יפה מנה על ורגירה ידו את אחז רעה בו Da der König ſah, daß er
im Begriffe ſtand, ſchlecht zu wählen, faßte er ihn bei der Hand und
legte ſie auf die beſſeren Früchte" [4]).

---

[1]) Sanh. 108 a. — [2]) 5. Moſ. 12, 8. 5. — [3]) Sifre Debar. 62. — [4]) Daſ. 53.

Allerdings ist die Freiheit des Menschen ausgesprochen und anerkannt in unserem Texte, aber die Schrift unterläßt nicht hinzuzufügen, wohin sich unsere Wahl neigen solle. Sie stellt uns nicht rathlos und ohne mahnenden Wink an den Scheideweg, um uns unserem Geschicke zu überlassen, gleichviel ob wir dahin oder dorthin uns wenden. Sie nennt das Eine den Segen und das Andere den Fluch. Das ist genug; mehr bedarf es nicht. Ist nur das Eine ausgesprochen, daß wir über Segen und Fluch, über Wohl und Wehe entscheiden, daß diese beiden Gewichte in der Schale liegen, die gleich schwebend vor uns ist aufgehängt: können wir alsdann noch zaudern, können wir einen Augenblick unschlüssig sein in der Wahl, können wir noch schwanken und uns besinnen, wohin wir uns wenden sollen? —

Darum hat Er, der den Menschen zu seiner Ehre erschaffen, der nach seinem Ebenbilde ihn ausgestattet, der ihn zu seinem Boten und um sein Werk auf Erden zu vollbringen ausgesandt — darum hat er nach dem treffenden Worte der Alten unsere Wahl zu leiten versucht, indem er unsere Hand dorthin legt, wo wir das Reichste und Schönste für uns gewinnen können.

Den Fluch und den Segen legt er uns vor. Frei ist unsere Wahl, aber auch desto verantwortungsvoller.

Wem es verkündet und freigestellt worden, daß er zwischen Dem, was das Leben giebt, und Dem, was zum Tod und Verderben führet, wähle[1]), und er hat sich entschieden, hat das Todesloos gezogen, wo es ihm selbst war vergönnt, das Ewige und Unvergängliche sich einzutauschen, — der hat sich selbst das Urtheil gesprochen, ist sein eigner Richter, und über ihn ergehen unvermeidlich die Folgen seiner eignen Entscheidung.

Die widerstreitenden Stimmen reden in Jeglichem von uns; die einen rufen dahin, wo Fluch und Tod, die anderen weisen dahin, wo Segen und Leben unser wartet. Es ruft das Göttliche mächtig genug in uns nach seinem Rechte und mahnt und warnt; es will, daß ihm das Ohr geöffnet, ihm das Herz erschlossen werde und bleibe. Du versuchst, ihm zu folgen, du raffst dich auf; schon willst du den Schlummer von dir schütteln, der dich bindet, schon willst du der Schlaffheit und Willkür den Ernst freudigen thatkräftigen Wirkens entgegensetzen: aber es ist so schwer, den rauhen Pfad zu wandeln, Entbehrung auf

---

[1]) 5. Mos. 30, 19.

Entbehrung zu tragen, Entsagung auf Entsagung auf sich zu nehmen. Die Pflicht mit ihrem eisernen Scepter erdrückt so viele uns lieb gewordene Neigungen, ruft so unerbittlich und streng, und kein freundliches Lächeln erheitert ihr ernstes Antlitz. Je mehr du thust, desto mehr verlangt sie; je mehr du giebst, desto mehr fordert sie; je höher du kommst und dich erhebst, desto höher thürmt sich die Aufgabe vor dir, und du staunest über die ragenden Berge vor dir und über dir. Und auf der andern Seite tönt eine verlockende weiche Stimme in milderem Tone; der möchtest du lieber folgen. Für jede Schwäche eine begütigende Auskunft, für jede Thorheit eine beschönigende Entschuldigung!

Es ruft dich eine Stimme deines Innern, Hand anzulegen, mitzuwirken an dem Gesammtwohl; du sollst ihm Zeit und Kraft opfern. Du möchtest schon. Aber einmal, zweimal reicht nicht aus. Dazu gehört Stätigkeit, Beharrlichkeit, Festigkeit, Verzichtleistung auf Bequemlichkeit. — Doch da meldet sich der Anwalt deiner Engherzigkeit und Selbstsucht und flüstert dir zu: Laß ab! Sorge lieber für dich und die Deinen und sichere deren Zukunft! Das Ganze und Große bedarf deiner Kraft nicht; es sind tausend und aber tausend Hände bereit ihm zu dienen.

Nun denn, — so ruft die Pflicht, in engern Kreis gedrängt, — wohlan! Sorge für die Deinen, aber auf die rechte Weise! Sei ihnen ein Vorbild, ein Muster ernsten frommen Sinnes und Wandels, heiligen Lebens und Strebens! Zeige ihnen die Kraft der Religion in dir und an dir! Lehre sie entbehren, entsagen! — Doch was flüstert dir jener Anwalt deiner Schwäche wieder zu? Er spricht: Du mußt dich ihnen entziehen; es ist unmöglich, dich ihnen ganz zu widmen. Du arbeitest so viel und schwer für sie: warum solltest du nicht auch deiner Erholung und Zerstreuung Momente gönnen? Wie, du sollst sie zur Gottesfurcht anleiten, sie mit den Pflichten der Religion, den Lehren des Glaubens vertraut machen? Aber das wird ja verlacht. Sie werden als Sonderlinge in der großen Gesellschaft erscheinen. Erzieht man doch die Menschen für die Gesellschaft! Nein, lehre sie leben in und mit der Welt! Jene sonderbaren Anforderungen des ererbten Väterglaubens verlangt unser Jahrhundert nicht, erkennt deren Berechtigung nicht an. Wozu sollen sie als Israeliten sich wissen und fühlen? Unser Streben nach der großen Verbindung aller Menschen leidet keine Trennung und Scheidewand.

Wiederum ruft die Pflicht der Nächstenliebe. Sie ruft und findet Anklang in dir. Aber — ruft es von einer andern Seite in dir — jene Pflicht lehrt mit ihren Ansprüchen gar so oft wieder, und du haft dich ja schon überzeugt, daß du gutherzig bift. Man kennt dich, man weiß es, daß du nicht geizest und kargst.

Während du nun nach dem strengen Maße der einen ernsten Stimme in dir viel zu kurz, nach dem genauen Gewichte, mit dem sie wägt, viel zu leicht erfunden worden, erzählt dir die andere die schönste Kunde von deinen Vorzügen und deinen edlen Eigenschaften. Du hast Achtung und Geltung in der Welt; brauchst du ein besseres Zeugniß deines Innern? — Wo du also jener zu wenig, leiftest du dieser zu viel; während du dort als ein Schwächling, ein Feigling erscheinst, hörst du hier deinen Ruhm als eines Helden und Siegers; wo dir jene mit hochgehobener Hand die ragenden Gestalten zeigt, die so hoch gedrungen, denen gegenüber du verschwindeft — ... אנשי מדות [1]) ונהי בעינינו כחגבים וכן היינו בעיניהם —, siehft du von dem freundlichen Zuspruch deiner Selbstzufriedenheit und Schwäche mit stolzer Befriedigung auf das Alles hernieder, was unter dir steht.

Aber, mein Freund, besinne dich nicht, zweifle und zögre nicht! Der Weg, der zum Segen führt, ift, nach dem schönen Worte der Alten, שתחלתו קוצים וסופו מישור ושלש פסיעות אתה מהלך בקוצים וסופו לצאת במישור „wiewohl im Beginne schwer und rauh, nach wenigen Schritten eben und leicht"[2]); immer sicherer und fester wird dein Tritt, und immer weiter und reicher breitet vor dir sich die Aussicht hin. --

Segen und Fluch wird uns vorgelegt. Die Wahl ist frei; aber du sollst den Segen wählen — um deinetwillen! Das ist das Zeichen, daß du der Freiheit würdig bift, wenn du der ernsten, aber sicher lohnenden Aufgabe dich hingiebst, dem Willen des Herrn zu gehorchen, wie sehr auch umdrängt und umringt von allen Reizen und Lockungen der Sinne, — wenn du still in dir gesammelt die Lauterkeit deiner Bestrebungen prüfst und überwachst, wenn du die Bildung und Entwickelung deiner Geisteskraft und deiner Gemüthsanlagen pflegst und wartest.

Wir können sie Alle in uns entwickeln und ausbilden, die Kräfte, die uns Gott gegeben; wir können sie zu seiner Ehre und zu unserer Erhebung, können sie aber auch im Dienste der Schmach und der

---

[1]) 4. Mof. 13, 32 f. — [2]) Sifre Debar. 55.

Sünde verwenden; wir können die Geisteskräfte zur Erkenntniß seines Waltens, zum Verständniß unser selbst, zur gediegenen Macht der Unsterblichkeit entfalten, und wir können sie als zerstörende Würgengel gegen uns selbst, als feindliche Mächte gegen unsere Brüder und Nebenmenschen entfesseln — ¹) הנה אנכי בראתי חרש נפח באש פחם ומוציא כלי למעשהו ואנכי בראתי משחית לחבל. Aber weil wir es können, darum ruft der Text uns zu: „Siehe, ich lege euch den Segen und den Fluch vor" — und lehrt uns die rechte Wahl, indem er uns zugleich zeigt, was aus unserer Wahl sich für uns ergebe.

III.

„Den Segen, so ihr gehorchet; den Fluch, so ihr nicht gehorchet".

Meinet ihr, der Fluch und der Segen selbst fehlten eigentlich in unserem Texte? Es sei nicht ausgesprochen, worin jener bestehe und worin dieser? Oder wir hätten uns hier das reiche Bild eines glücklichen Zustandes, dort das schaudervolle Nachtstück aller Qualen und Schmerzen zu denken? — Mit nichten! Alles ist in unserem Texte zur Genüge ausgesprochen.

אשר תשמעו „Daß ihr höret" — das ist der Segen; אם לא תשמעו „wenn ihr nicht höret", so ist das Nichthören eben der Fluch. Wer auf die Stimme Gottes hört, der hat den Segen; wer ihr nicht gehorchet, sie nicht vernehmen und deuten kann, ihr nicht nachgehen und folgen mag — „er hat", nach dem Worte des Psalmisten, ויאהב קללה ותבואהו ולא חפץ בברכה ותרחק ממנו, „den Fluch erwählt, und dieser kommt über ihn; er hatte kein Gefallen am Segen, und so blieb dieser ihm fern" ²).

Wir dürfen nicht die Strafen und Qualen uns ausmalen, die der Sünde und der Entfernung von Gott folgen, dürfen uns nicht erst die Farben irgend woher leihen, um das Bild des Segens zu entwerfen. Wir halten das Bild des innern Lebens Denen unter uns vor, die der Stimme Gottes horchen, und den Anderen, die sich ihr verschließen. Gebet dem Einen die Schätze der Erde und den Glanz ihrer Kronen und all die Herrlichkeiten und Freuden, daran der thörichte Sinn seine Freude und seine Lust hat; sehet, ob sein Inneres ausgefüllt, ob sein Auge gesättigt, ob seine Seele befriedigt

---

¹) Jes. 54, 16. — ²) Pf. 109, 17.

ift; fehet, ob feine Geifteskraft in voller Frifche und Jugendlichkeit fich regt, ob es ihm gelingt, in Einem Punkte fich zu fammeln, auf Ein Ziel unverwandt fie zu richten. Nehmet hingegen dem Andern Alles, daß er wie Ijob fpreche: ערם יצאתי מבטן אמי וערם אשוב שמה „Nackt bin ich hervorgegangen aus meiner Mutter Schoß und nackt werde ich zurückkehren"[1]), fo hat er den Einen Troft behalten: ה' נתן וה' לקח יהי שם ה' מברך „Der Ewige hat gegeben und der Ewige hat genommen, der Name des Ewigen fei gepriefen!"[2]) — Hat Jener auch nur ein Wort des Dankes im Glücke, während dem Andern in der Trübfal felbft des Troftes reiche Quellen ftrömen? — Löfchet Jenem die Lampen und Kerzen und Blendlichter aus, und er fitzt in finfterer Nacht! Aber der Andere darf das Wort des Pro-pheten fprechen: כי אשב בחשך ה' אור לי „Ob ich auch in Finfter-niß fitze, fo ift der Ewige mir ein Licht"[3]).

Wie weit find wir, meine Freunde, von diefer Einficht entfernt! Wir mühen uns und arbeiten unabläffig um Gewinn, und doch ift der höchfte Gewinn fo oft mit dem fchwerften Verlufte aufgewogen; denn wir verlieren uns felbft. Und umgekehrt giebt es der Ver-lufte fo viele, die den fchönften Gewinn in fich tragen — den Gewinn unfer felbft. Jener verheißene Segen alfo, er befteht in dem Gewinnen deiner felbft; du felbft eroberft dich, indem du dich bezwingeft. In jeder Niederlage deines fchlechtern Theils feiert dein befferer Menfch feinen Sieg; in dem bezwungenen Sterblichen und Irdifchen erfteht das Göttliche und Ewige in dir zum Leben! איזהו גבור הכובש את יצרו שנא' טוב ארך אפים מגבור ומשל ברוחו מלכד עיר „Wer ift ein Held? Wer fein Begehren bezwingt; denn es heißt in der Schrift (Spr. 16, 32): Beffer der Langmüthige als ein Held, und wer fein Gemüth beherrfcht als der Bezwinger einer Stadt"[4]).

Der Stimme Gottes horchen ift Segen. Es erweitern fich die Ringe unferes Lebens, erhöht fich die Sehkraft des Seelenauges, und immer lichter und klarer breitet fich das Bild des Dafeins vor unferen Blicken aus, und immer deutlicher und vernehmlicher reden die Gottesftimmen; und was fie künden — es findet ein empfängliches Herz und Ohr. וארח צדיקים כאור נגה הולך ואור עד נכון היום „Der Pfad der Gerechten ift wie das Licht des Frühroths, das immer heller wird bis zur Tageshöhe"[5]). Dort aber ift das Ohr ver-

---

[1]) Ijob 1, 21. — [2]) Daf. — [3]) Micha 7, 8. — [4]) Abeth 4, 1. —
[5]) Spr. 4, 18.

schloffen, und immer tiefere Nacht breitet sich über den Geist, und immer tiefer sinkt der Muth und die Kraft.

Das ist der Segen und der Fluch, den der Mensch sich selbst bereitet, der Lohn und die Strafe, die er sich selber beimessen kann. ‏שׁשׂכר מצוה מצוה ושׂכר עברה עברה‎ „Denn der Lohn frommer That ist die fromme That und der Lohn der Sünde ist die Sünde" [1]).

Siehe, sagt das Wort der Schrift, „ich lege dir heute Segen und Fluch vor, Leben und Tod; aber du sollst das Leben erwählen" [2]). — So wählet denn, meine Theuren, das Leben, das nicht an die Dauer und die Länge der Jahre geknüpft ist, sondern das in seinem innern Gehalte seinen Werth und seine Bedeutung trägt; das, früher oder später endend, immerhin eine Seligkeit und Befriedigung in sich schließt, die kein Reichthum der Erde, keine Macht der Erde, kein Glanz und kein Prunk der Erde gewähren kann! ‏ואתם הדבקים בה' אלהיכם חיים כלכם היום‎ „Ihr, die ihr anhanget dem Ewigen, eurem Gotte, ihr lebet Alle heute" [3]), ihr lebet immerdar und in Ewigkeit. — Amen!

---

[1]) Aboth 4, 2. — [2]) 5. Mof. 30, 19. — [3]) 5. Mof. 4, 4.

Rechtsschutz und Rechtspflege im höhern Sinne.

פרשת שופטים.

Meine andächtigen Zuhörer!

Den größten Theil des Inhalts der heutigen Paraschah bilden Gesetze und Anordnungen, die das Gesammtwesen Israels, den jüdischen Staat in seiner erscheinenden Wirklichkeit regeln, ihm den Grund und Boden sichern, ihm die Bürgschaft seines dauernden Bestandes gewähren und feststellen sollten. War es zumeist der Einzelne in Israel, dessen Verpflichtungen gegen Gott vom religiösen Gesichtspunkte aus, dessen Obliegenheiten gegen den Mitmenschen nach sittlichen Grundsätzen in den früheren Theilen der Lehre bezeichnet und eingeschärft wurden, so ist es das Gemeindeleben, die Verwirklichung des Gottesgedankens der Lehre im großen Ganzen, das Verhältniß des Einzelnen zur Gesammtheit, wie er darin aufgehen und als Glied derselben sich zu verhalten und anzusehen habe — was in dem eben gelesenen Abschnitte der Lehre seine nähere Feststellung findet. Wie die Einheit des religiösen Lebens und des religiösen Bewußtseins sollte behauptet und aufrecht erhalten werden gegen die Versuche, es zu stören und seine Grundlage zu untergraben; wie der Verleitung zum Götzendienste und zum Abfalle von dem Glauben an Gott sollte durch wirksame Strafen begegnet werden; wie in zweifelhaften Fällen Jeder sich dem Ausspruche der Lehre und Derer, die sie handhaben, fügen und nach ihrem Worte sich halten sollte; wie auch der König in Israel durch das göttliche Gesetz gebunden sein sollte, daß er, je höher er stände über seinen Unterthanen durch Ansehen und Geltung und Rang, desto entschiedener dem Geringsten unter ihnen in brüderlicher Gemeinschaft sich gleichstelle und den Unscheinbarsten und Letzten als ihm ebenbürtig betrachte, indem sie Beide vor demselben Gotte sich demüthig beugten; wie dem Ausspruche der falschen Propheten, die im Namen Gottes reden, ohne daß der Geist der Wahrheit auf ihnen ruhte, kein Gehör sollte gegeben werden, daß Gott vielmehr sein Wort und seinen Geist werde walten lassen in Israel, — das Alles führt der erste Theil des Wochenabschnitts uns zur Beherzigung vor, und wir können in allen diesen Gesetzen als das Gemeinsame und Verbindende den Gedanken erkennen, daß jede Störung des Gesetzes, jeder Zwiespalt und jede Zwietracht in dem Leben des Volkes sollte gemieden und abgewehrt werden.

Als die erste und Alles umfassende Bedingung steht aber das Gebot voran:

5. Mos. 16, 18—20.

שפטים ושטרים תתן לך בכל שעריך אשר ה' אלהיך נתן לך לשבטיך ושפטו את העם משפט צדק: לא תטה משפט לא תכיר פנים ולא תקח שחד כי השחד יעור עיני חכמים ויסלף דברי צדיקם: צדק צדק תרדף למען תחיה וירשת את הארץ אשר ה' אלהיך נתן לך:

„Richter und Beamte sollst du dir setzen in all deinen Thoren, die der Ewige dein Gott dir giebt, nach deinen Stämmen, und sie sollen das Volk richten, ein gerechtes Gericht. Du sollst das Recht nicht beugen, du sollst kein Ansehen kennen und nicht Bestechung nehmen; denn Bestechung blendet die Augen der Weisen und verkehret die Worte der Gerechten. Der Gerechtigkeit, der Gerechtigkeit sollst du nachjagen, auf daß du lebest und einnehmest das Land, das der Ewige dein Gott dir giebt."

Es sollten also Richter und Aufseher bestellt werden im ganzen Lande, daß sie das Volk richteten nach Wahrheit und Recht. Es sollte das Recht und die Gerechtigkeit, es sollte Gesetz und Pflicht walten und herschen im Lande; es sollte darüber gewacht und dafür gesorgt werden, daß Redlichkeit und Treue das Band der Gesellschaft bilden. Denn das Recht ist die Säule der Welt, wie die Alten lehren: אל ההי סלגלג בדין שהוא אחד משלש רגלי העולם למה ששנו חכמים „ על שלשה דברים העולם עומד על הדין על האמת ועל השלום Auf drei Pfeilern ruht der Bau der sittlichen Weltenordnung", gründet sich ein jedes größere Gesammt- und Gemeinwesen: „auf Wahrheit,

Recht und Frieden" [1]). Die Wahrheit und Wahrhaftigkeit des Sinnes, die Lauterkeit und Verläßlichkeit des Wortes ist das Erste; daß ohne Falsch und Heuchelei, ohne Trug und Hinterhalt der Mensch dem Menschen begegne; daß er nicht mit dem Munde freundlich rede und im Innersten dem Bruder auflauere und nachstelle; daß nicht dem arg- und harmlosen Vertrauen der Unschuld und Offenheit das geheime verborgene Netz der Tücke und des Verrathes gefährlich werde. Denn „die Wahrheit ist das Siegel Gottes" חותמו ׳של הקב״ה אמת [2]); wo das Siegel unerbrochen und unangetastet fest liegt, da ist Gott, da sind die Züge seiner Hand leserlich und kenntlich, da ist das Eben-bild Gottes im Menschen noch unverändert und unverwischt. Das Zweite aber ist das Recht, der Ausdruck der Wahrheit im Thun und Wandel des Menschen, daß Keiner den Andern beeinträchtige und ver-kürze, Keiner den Andern kränke und ihm sein Lebensloos verkümmere und lieblos und selbstsüchtig den eigenen Vortheil zum Schaden und Verderben des Andern fördere. Denn sie sollten Brüder sein im Gottesstaate, brüderlich und freundlich einander helfen und fördern, nicht aber die heiligen Bande lösen oder zerreißen, indem ein Jeglicher nur sich und das Seine wollte und ins Auge faßte und keine Liebe und keine Theilnahme erübrigte für den Bruder. Und wo Wahrheit waltet und Recht herrschet, da ist des Friedens Stätte, da ist das Gefäß, mit Segen gefüllt, womit der Herr hat Israel gesegnet" [3]). Und daß ein solcher Geist herrsche im Lande, daß überall Gesetz und Recht als schirmende Engel Gottes, als seine Boten und Herolde walteten, darum sollten in jeglicher Stadt, in jeglicher Gemeinde die Richter und die Beamten auf ihrer Warte stehen und über das gött-liche Recht wachen und es handhaben. Sie sollten das Amt Gottes verwalten — כי המשפט לאלהים הוא „denn das Gericht ist Got-tes" [4]) — und das Gefühl für das Wahre und Rechte wecken und schärfen und, wo es verletzt, gekrümmt und gebeugt ward, eintreten und mit strafendem Worte die Störer des Gleichmaßes in ihre Gren-zen weisen und dem Gekränkten zu dem ihm Gebührenden verhelfen.

Hat nun auch das angeführte Gesetz von der Einsetzung und Handhabung der Gerichtsbarkeit in Israel nicht mehr in seinem ur-

---

[1]) Debar. r. zu 5. Mos. 16, 18. — [2]) Schabb. 55a. —
[3]) Mischn. Ukzin 3, 8: אמר ר׳ שמעון בן חלפתא לא מצא הקב״ה כלי מחזיק ברכה לישראל אלא השלום שנא׳ ה׳ עז לעמו יתן ה׳ יברך את עמו בשלום
[4]) 5. Mos. 1, 17.

sprünglichen und eigentlichen Sinne eine Geltung für uns unter den völlig veränderten Verhältnissen unseres Lebens, so hat es doch nach seinem tiefern Sinne und Geiste seine Bedeutung für alle Zeit behauptet. Es fordert und mahnt so dringend als jemals, daß überall in Israel das höhere Leben und Walten des Geistes, überall in Israel das ewige göttliche Recht, die Wahrheit und Wahrhaftigkeit, die Redlichkeit und Lauterkeit des Sinnes und Herzens aufrecht erhalten werde. Nicht nur in jenem engen Sinne haben wir das Wort zu fassen, daß es den Schutz gegen die Gewalt, die Sicherstellung gegen die Ein- und Uebergriffe der Unredlichkeit, der Habsucht, des Eigennutzes fordere, sondern sein weiterer und ewiger Sinn ist, daß Glaube und Lehre, des Geistes Licht, der Seele Wärme, des Lebens Weihe und Heiligkeit in Israel nicht ausgehe. Und wie diese Mahnung des Gesetzes im Allgemeinen in Kraft geblieben, so ergeht sie insbesondere an Diejenigen, denen der Beruf des Lehrens in Israel, denen die Aufgabe zugefallen, mit dem größern oder geringern Maße von geistiger Kraft und Einsicht den Brüdern das Wort Gottes auszulegen. Es ergeht an sie die ernste Forderung, nach Recht und Wahrheit, nach bestem Wissen und Gewissen, nach des Herzens reinster Ueberzeugung und der Seele lauterster Eingebung ihrem heiligen Dienste sich zu weihen, sich gleichfalls zu hüten vor jeglicher Versuchung und Anmuthung, die ihnen die Freiheit des Urtheils, die Unbefangenheit des Blickes, die Aufrichtigkeit und Reinheit der Seele trüben und umstricken könnte. ושפטו את העם משפט צדק „Sie sollen richten das Volk nach richtigem Recht!"

Und es gelten auch für uns die mahnenden, bedeutsam ernsten Worte: לא תטה משפט לא תכיר פנים ולא תקח שחד „Du sollst das Recht nicht beugen, sollst kein Ansehen achten und nicht Bestechung nehmen". —

Mag auch eine solche Betrachtung zunächst mehr die Lehrer und Führer in Israel denn die Gemeinde angehen; mag es seltsam scheinen, daß ich von Dem zu euch rede, was ich vielmehr mir selber zu sagen hätte: so ist es doch wohl angemessen, daß Diejenigen, welche die Lehre verkünden und auslegen, sich die ihnen obliegenden Aufgaben zurückrufen und damit sich ebenfalls als Schüler und Jünger des göttlichen Wortes darstellen, daß es eben nicht den Anschein habe, als entbinde der Beruf, dem wir dienen, und der Vortheil, zu Anderen zu reden, während zu uns nicht geredet wird, mahnen zu dürfen, ohne daß an uns das Wort der Mahnung ergeht, uns selbst der

Pflicht eignen Lernens und Gehorchens. Denn, meine Theuren, ist anders die Bereitwilligkeit zu lernen und sich belehren zu lassen, ist die tiefe Ueberzeugung, daß in göttlichen Dingen das Geschäft des Lernens ein nimmer' endendes ist, daß also mehr als das Wissen und Können die Erkenntniß von dessen Unzulänglichkeit gilt, ein Verdienst: so ist das vielleicht das einzige Verdienst, das sich ein jeglicher Lehrer und Verkünder des göttlichen Wortes zusprechen und zuschreiben dürfte. — Zudem ist das Urtheil über religiöse Verhältnisse und Angelegenheiten bereits so das Eigenthum Aller geworden, daß die Verständigung über Das, was die Führer und Leiter müssen und sollen, ebenso sehr auch auf Diejenigen sich erstreckt, denen sie die Lehre reichen und spenden, die sich mehr oder weniger selber als stimmberechtigt und urtheilsfähig ansehen.

So wollen wir denn die Hauptpunkte unseres Textes nacheineinander kurz erörtern, und gebe der Herr seinen Segen dem Wort, daß wir es eben wieder lernen, gerecht zu richten und nach der Wahrheit zu urtheilen, — ohne die Wahrheit zu krümmen, ohne Rücksicht auf Person, unbestochen und ungeblendet uns selbst sowie den Stand unserer Gesammtangelegenheiten anzusehen.

I.

לא תטה משפט ist das Erste. Der Richter soll das Recht nicht beugen und krümmen. Unerbittlich und unerschütterlich soll er den Spruch abgeben, wie ihn seines innern Auges Licht, wie ihn der gerade Rechtssinn, das Gewissen ihm auf die Zunge legt. — אין לדיין אלא מה שעיניו רואות lehren die Alten. „Es hat der Richter keine andere Entscheidung abzugeben, als die ihn sein Augenschein lehrt" [1]); aber was der ihn lehrt, was er sieht und erkennt, was er gefunden und ermittelt — das soll er frei und offen bezeugen, ohne Furcht und Zagen und Bangen, ohne Rücksicht und Bedenken, „als wäre ein scharfes Richtschwert über ihm aufgehängt, als wäre das Wort, das er spricht, für ihn selber die Entscheidung über Leben und Tod" [2]) לעולם יראה דיין עצמו כאלו חרב מונחת לו בין ירכותיו וגיהנם פתוחה לו מתחתיו.

Vor Allem ist es also die Forderung, daß der Richter keinen andern Maßstab gelten lasse, nach keiner andern Richtschnur urtheile, als die in der Sache selbst liegt, der sein Ausspruch gilt; er soll und

---

[1]) Bab. bathr. 131 a. — [2]) Jebam. 109 b.

muß den Muth und die Unbefangenheit sich bewahren, daß er das wie sehr auch verworrene, ineinander geflochtene Netz der verschiedenen Rücksichten entwirre oder durchreiße, sich selbst aber darin nicht verschlinge und fange.

Und wenn wir die heiligen Güter des Glaubens, die geistigen Besitzthümer der Gesammtheit vertreten; wenn wir das Erbe der Jahrhunderte und Jahrtausende in seinem ungeschmälerten Rechte zu erhalten haben; wenn uns die Aufgabe zugefallen, das Verständniß zu vermitteln gerade für die höchsten Angelegenheiten des Lebens: sollte da nicht dasselbe mahnende Wort gelten לא תטה משפט, daß wir „nicht das Recht beugen", das Urtheil nicht verfälschen und krümmen? —

Auch da giebt es, meine Theuren, kein anderes Richtmaß und keine andere Meßschnur, als daß wir frei und redlich, nach reinstem Wissen und bestem Gewissen uns offen erklären und aussprechen. Auch da können und dürfen wir nicht um weltlicher Rücksichten willen den Spruch der Wahrheit beugen und krümmen, daran deuteln und mäkeln. Oder wäre, wo es das Recht des Einzelnen, dessen Hab' und Gut, dessen irdischen Besitz und Eigenthum gilt, die Entscheidung mehr dem Gewissen anheimgegeben, die Pflicht der sorgsamen reifen Erwägung bringender, wärmer ans Herz gelegt, als wo es den Sinn und Geist des Gesetzes, als wo es den Bestand und die Dauer des Ganzen gilt? Es sollte die Verantwortung größer und die Schuld schwerer sein, wenn wir in dem Verkehre des Einen mit dem Andern, wenn wir in Sachen des Mein und Dein uns geirrt und vergangen hätten — wo wir ja, nachdem wir unseres Irrthums inne geworden oder das Recht absichtlich umgangen zu haben bereuen, in der Regel dem Verkürzten seinen Schaden noch ersetzen können — als wenn wir durch Schrift und Wort und Lehre das heilige Recht des Gesetzes verkürzt, die Wahrheit umgangen, „das Recht gebeugt" und den Ausspruch gethan nicht nach gewissenhafter reiflicher Ueberlegung, sondern nach Dem, was außen gilt, nach Dem, was wir als das Herschende um uns sehen, nicht aber den Blick in das eigene Innere, in die Tiefe der Sache gesenkt, die stumm und wortlos sich vertrauensvoll uns als ihren Anwälten übergeben? — הוו מתונים בדין „Seid bedächtig im Richterspruche"[1]), mahnen die Alten, und das gilt nicht bloß dem Richter zwischen den Parteien vor Gericht; es

---

[1]) Aboth 1, 1.

gilt Denen, die das Wort führen, die Lehre handhaben, das Gesetz auslegen, daß sie besonnen und treu und gewissenhaft wägen und er= wägen was sie reden und lehren und wirken, כי המשפט לאלהים הוא „denn das Gericht ist Gottes".

Auch, ja vor Allem in solchen großen Fragen, wo der Grund und Boden, wo der ganze Bau des Heiligthums der Lehre in seiner Bedeutung verkannt, in seinem Rechte verkürzt wird — da gilt das Wort: לא תטה משפט „Du sollst das Recht nicht beugen!" Da be= darf es des Muthes, des kühnen unerschrockenen Sinnes, daß wir die ewigen Aussprüche Gottes befragen, daß wir die Güter des Glaubens wahren, an ihnen das Vorhandene und Bestehende messen, aus ihnen uns den ungetrübten Blick herholen, nicht aber daß wir, befangen und eingenommen von Dem, was uns umgiebt, Dasjenige zum Maße nehmen, was erst gemessen werden muß.

Für uns ist die Richtschnur und die Entscheidung Das, was in der Zeit herrscht und gilt. Aber ist es denn Aufgabe der Religion, ist es ihre Bedeutung und Würde, daß sie Dem sich unterordne und bequeme, was ein Wandelbares, Flüssiges, Flüchtiges, Vorübereilendes und Verrauschendes ist, oder ist es ihr heiliger Beruf, mit aufgeho= benem Finger mahnend und warnend uns auf ein höheres Gebiet des Lebens hinzuweisen, das Oelblatt im Munde als Frieden verkündende Taube uns zu künden, daß die Fluth und das Rauschen der empörten Wellen sich für einen Jeglichen legen und sänftigen müsse [1]), daß es einen festen sichern Boden gebe, auf den wir getrost den Fuß setzen? Nicht was in der Zeit herrscht und gilt, sondern Das, was in Ewig= keit seine Geltung und seinen Werth hat, ist des Glaubens und der Lehre Inhalt; und eben mitten im Gewirre und Fluge der Erschei= nungen uns Halt und Bestand und Festigkeit zu lehren, das ist ihr Werk und ihr Wesen. ימלך ה' לעולם אלהיך ציון לדר ודר Und „er wird herrschen und walten in allen Zeiten und Geschlechtern, dein Gott, o Zion!" [2])

Nun könnet ihr freilich sprechen: Das ist allerdings die Sache der Religion; allerdings ist es ihre Aufgabe, das höhere Leben im Menschen zu fordern und zu fördern, den Boden zu gründen und zu befestigen, auf dem des Himmels Saat, auf dem die Frucht des Se= gens und Heils erblühe und gedeihe. Aber wir können uns nicht danach richten und halten; uns fehlet die Zeit, uns fehlet die Kraft,

---

[1]) Anspielung auf 1. Mos. 8, 11. — [2]) Ps. 146, 10.

uns fehlet der Wille, in solchem Sinne und Geiste zu leben. Dem
Leben die Weihe und in all seinen Wendungen und Windungen uns
die Freudigkeit und Heiterkeit und Gläubigkeit des Gemüthes zu er-
ringen, das vermögen wir nicht. Es drängt der Tag, die Stunde,
der Augenblick; wir müssen ringen und arbeiten, um das leibliche
Leben zu gewinnen. Ja, wir wollen an Gut und Geld uns bereichern;
wir mögen nicht entsagen und verzichten, mögen nicht versuchen, was
wir unserer sittlichen Kraft bieten und zumuthen und zutrauen können.
Wir haben nicht Gottvertrauen genug zu glauben, daß Er, der uns
sechs Tage der Woche tränkt und speist und unserem Arme die Kraft
giebt, uns auch nähren und speisen wird, wenn wir am siebenten
feiern und rasten; wir sind nun einmal קטני אמנה „kleingläubig", mag
es auch immerhin von uns heißen: מניחין חיי עולם ועוסקין בחיי שעה „Sie
lassen liegen das ewige Leben und mühen sich um das zeitige Leben" [1]).
Wir können es nicht ruhig ansehen, daß, während der Eine Häuser
und Felder besitzt, während er seine Gemächer glänzend schmückt,
während er in Prunk und Pracht blühet und ihm alle Thüren und
Riegel sich öffnen, — daß wir unscheinbar neben ihm stehen, unge-
sehen, unbeachtet. Darum wollen wir's ihm nachthun und ihm gleich
werden oder ihn überflügeln; daran denken wir früh und spät, lassen
es unsere Sorge sein, wenn wir aufstehen und uns niederlegen.

Das könnt ihr sagen; und sagt ihr es nicht, so sagt es der
Kundige, der die vorhandenen Erscheinungen nach ihrem Werthe und
Gehalt versteht, so bezeugt es euer Thun und Schaffen, euer Lebenswerk und Lebensgang. Aber ihr „beuget das Recht" und krümmet und
verleugnet die Wahrheit, wenn ihr sagt: Es ist die Lehre des Herrn
nicht mehr für unsere Tage; wir können den freien Geist, der in uns
sich regt, nicht in den Bann enger Satzungen schmieden; es erfordert
das mächtig in uns sich regende Leben und Bewußtsein eine freiere
Gestaltung der religiösen Form.

Ihr möchtet in dem Gefühl der Ohnmacht und Schwäche, in
der im Stillen sich meldenden, leise anpochenden Mahnung, daß in
all dem hohlen, nur auf den Erwerb und Gewinn gewandten Streben
kein Funke höhern Feuers, kein Strahl göttlichen Lichtes glimme und
leuchte, euch selber gern bereden, es sei ein höherer Standpunkt, den ihr
einnehmet. Aber auch hier gilt der Zuruf: לא תטה משפט „Ihr
dürft nicht das Recht beugen" und nicht die Wahrheit umgehen!

---

[1]) Schabb. 10a.

Ihr dürfet nicht fordern, weil ihr der Lehre, weil ihr den Pflichten und Aussprüchen der Religion nicht gerecht werden könnet, daß wir sie euch so lange zustutzen und ummodeln, bis sie euch gerecht werden, bis sie eben aufhören, sie selbst zu sein, bis sie ihre Aufgabe und Stellung und Bestimmung verleugnen und verlieren.

Ihr könnt sprechen: Wie soll uns Sabbat und Fest erheben? In dem ruhelosen, von Sorgen zerwühlten Sinn, in der tief gefressenen Gewohnheit, nur auf ein enges beschränktes Ziel uns hinzuwenden, ist uns die Fähigkeit, das Verlangen, die Sehnsucht ausgegangen, an uns zu denken, uns in stiller sabbatlicher Weihe und Zurückgezogenheit unserem Gotte zu nähern. Es ist die Sprache der Väter uns fremd; es ist die Anschauungsweise, auf die das Gotteswort uns hinweist, uns fremd. Dort wird uns überall Gott gezeigt und Alles auf ihn hingeführt; wir aber dienen dem Augenblick, dem Bedürfnisse. Wir kämen mit uns in Widerspruch und Zwiespalt; wir müßten uns und unser Thun verneinen und als nutzlos wegwerfen.

Meine Freunde! Ich beklage es aus vollster Seele, daß es also ist, daß es in Israel dahin gekommen. Aber ihr könnt nicht sagen, die Religion soll nicht Sabbat- und Festweihe fordern; das sei unzeitgemäß. Ihr könnt nicht sagen: So lange das Judenthum nicht seine heiligen Erinnerungen und seine Mittel sie zu verewigen, so lange es nicht die Offenbarungen Gottes, die es als seinen heiligen Besitz sich bewahrt, aufgebe, so lange stehe es still, walte darin der Geist der Finsterniß, scheue es das Licht, das in Denen aufgegangen sein soll, in denen ja das Gotteslicht eben ausgelöscht ist. Eurer Thorheiten keine und keine eurer Einbildungen und keiner eurer Genüsse solle angetastet werden dürfen; Das, was ein Jeglicher sich eingeführt und festgestellt hat, das Alles sei wahr, weise, durchdacht, berechtigt, der Einspruch der Religion dagegen falsch und thöricht. An euch sei kein Makel und Mangel; die Lehre sei die verfallene und mangelhafte. — Nun, für wen sie denn also umgestalten? Sind vielleicht die Gebote Gottes, jene Mittel zur Erhebung und Weihe des Lebens, in denen wir doch so oft den klaren erhebenden eindringlichen Sinn erkannt und ausgelegt — sind das die „Menschensatzungen", von denen das Judenthum sich befreien muß, ehe es sich wird rühmen können, dem Standpunkt der Weisheit in der Gegenwart zu entsprechen? —

„Aber es sind Viele, Unzählige, die sich losgesagt". — Meine Freunde! Das ist betrübend, schmerzlich; aber den Trost wollen wir

uns nicht vorenthalten: der ihnen unbekannten Lehre sind sie ab-
gewandt, nicht der in ihrem Geiste und Wesen erfaßten und erkannten! — Ja, ich kann die schmerzliche Bemerkung nicht zurückhalten,
daß wenn ich die Lieblosigkeit, die niedrige Kleinheit des Sinnes
sehe, mit der die Bekenner der Gotteslehre die Wehrlosigkeit derselben benutzen, um sie zu unterhöhlen und zu untergraben, ich beschämt
den Mund fast schließen möchte und dem um uns her herrschenden
Glauben nicht mit vollem Muthe gegenübertreten kann, wenn er sich
seiner Macht und seiner äußern Geltung nicht immer zum Segen
und zum Heile bedient.

Neu sind die Erscheinungen nicht. Das lehrt des Propheten Wort,
der seiner Zeitgenossen Reden aufgezeichnet für ewige Zeiten: כי עם
מרי הוא בנים כחשים בנים לא אבו שמע תורת ה': אשר אמרו לראים
לא תראו ולחוים לא תחזו לנו נכחות דברו לנו חלקות חזו מהתלות:
סורו מני דרך הטו מני ארח השביתו מפנינו את קדוש ישראל „Ein
widerstrebendes Volk ist es, Kinder, die sich verleugnen, Kinder, die
nicht hören wollen die Lehre des Ewigen, die zu den Sehern sprechen: Sehet nicht! und zu den Schauenden: Offenbaret uns nicht
Wahrheit; redet zu uns glatte Reden, offenbaret Täuschungen,
weichet ab vom Wege, führet ab vom Pfade, räumet uns aus dem
Angesichte den Heiligen Israels!" [1] —

Wir aber, meine Freunde! wollen es nicht dahin kommen lassen,
daß Alles in Scherben und Trümmer zerfalle, sondern der Wahrheit
die Ehre geben, sie nicht krümmen und nicht beugen und nicht den
Stillstand als Bewegung und nicht den Mangel an Leben und Geist
als die Regungen Beider ausgeben und nicht die Finsterniß zum
Lichte machen. Wir wollen unermüdet den ewigen Gehalt der Lehre
uns auslegen, hingehen an ihre Quellen und uns laben, uns trösten
und stärken in dem Glauben, daß das Ewige und Göttliche durch
seine Macht die Herzen gewinnen werde. —

II.

לא תכיר פנים ולא תקח שחד „Du sollst keine Person achten und
dich nicht bestechen und verblenden lassen!" — Das gilt in dem eng-
sten Sinne für den Richter, daß er das Recht nicht verhandle und
seine Ueberzeugung nicht wie einen Mammon feil habe, daß er

---

[1] Jes. 30, 9—11.

unerschrocken und ungeblendet dem Rufe und Zuge des Gewissens folge. Doch auch in einem höhern und weitern Sinne will es verstanden sein und mahnt uns, daß wir uns nicht irren und verwirren lassen, wenn uns gewöhnliche oder außergewöhnliche Erscheinungen und Beispiele einschüchtern und unsicher machen, wenn uns dieser und jener Vortheil und Gewinn, der außer der Sache liegt, winken und verlocken wollte; שלא יושיב הראוי למעלה למטה והראוי למטה למעלה „daß wir nie erniedrigen was erhaben, nie erheben was niedrig ist" [1]).

Es gab eine Zeit in Israel, da der Eifer seiner Wort- und Stimmführer jegliche Abweichung von der hergebrachten Weise, jede unschuldige und gleichgültige Sitte, die der Anstand oder das Leben eingeführt, mit lautem Widerspruch ächtete; es sollte Alles und Jegliches, wie es hergebracht war, als ein heiliges Erbe der Vergangenheit gelten. Die Zeiten sind abgelaufen; das Leben Israels, aus der dumpfen Enge und der niederbeugenden Schmach herausgerissen, in der es so lange geschmachtet, hat die Rostflecke und die Spinngewebe der dumpfen Winkel und Höhlen, in denen es gelegen, von sich gethan.

Ist es nun besser und würdiger und duldsamer, wenn heut zu Tage die modische Entfremdung sich gegen die gewissenhafte Treue und Anhänglichkeit an der Väter heiliges Erbgut in gleicher Weise ereifert und, wiewohl um die Erfahrungen der Vergangenheit bereichert, mit fanatischer Muth der eigenen Brüder Glauben als Wahn und Thorheit, als Finsterniß und Verdumpfung des Sinnes verläftert und höhnt? Ist die moderne Aufklärung etwa friedlicher, milder, weniger haftig und stürmisch und feindselig in der Erreichung ihrer Zwecke, als die Vergangenheit, die wenigstens, des Neuen, das herankam, unkundig, sich in gutem Glauben um des von ihr vertretenen Bodens willen sträubte? — Wir sind, meine Freunde, bei allem Reden vom Fortschritt um Nichts vorwärts gekommen in Einsicht und Verständniß unserer religiösen Interessen. Der beschränkten Abneigung gegen alle Wissenschaft und Bildung ist nicht die Bildung in ihrer Versöhnung mit der Religion gefolgt, sondern ein beschränkter Eifer gegen das Judenthum, — der Gleichgültigkeit gegen die bürgerliche Stellung nicht der freudige Muth und die entschlossene Festigkeit, die, ohne Etwas von dem Heiligthum des Glaubens preiszugeben, sich mannhaft ihres Rechtes annimmt, sondern ein feiles Handeln und Dingen um Anerkennung und Geltung nach außen, für welche als Preis die

---

[1]) J lammedenu zu 5. Mof. 16, 19.

Verleugnung und Aufopferung des religiösen Lebens angeboten wird; und meist müssen wir sagen: זייפתם תורתכם ולא העליתם בידכם כלום „Ihr habet eure Lehre gefälscht und Nichts dabei gewonnen"[1]).

Wir aber dürfen durch keine Rücksicht und keinen Lohn und keine Lockspeise uns kirren und gewinnen lassen. Wir dürfen unser Streben nach der Anerkennung unseres Rechtes nicht beflecken durch Untreue und Gesinnungslosigkeit gegen unser Glaubensleben. Wir haben als Israeliten, als Bekenner der Lehre von Gott, als Bekenner der Offenbarung Gottes, als Anhänger der Gebote Gottes — wir haben nur in dieser Eigenschaft und um dieses Eigenthums willen gelitten Schmach und Hohn und Ausschließung, und so soll auch die endliche Sühne der alten Schuld an Israel, das seinem Gott und seinem Glauben treu bleibende, nicht an ein verrätherisches unwürdiges Geschlecht um den Preis endlichen Abfalles abgetragen werden. An uns muß und wird sich noch erfüllen, was der Prophet verheißen: חנם נמכרתם ולא בכסף תגאלו „Umsonst — ohne Grund und Ursache — seid ihr verkauft worden, und nicht um schnöden Preis sollt ihr erlöst werden"[2]).

„Du sollst keine Person achten und keine Bestechung nehmen!" — In Wahrheit und Redlichkeit und Treue sollen wir das Bewußtsein über unser Gesammtleben uns aneignen und durch kein Blendwerk und Scheinwesen uns des Blickes Schärfe und des Urtheils Lauterkeit rauben und trüben lassen. Nicht die Zahl und nicht die Stellung und nicht die Geltung der Personen, denen der Glaube und die Lehre Israels fremd geworden, können unsere Verpflichtung gegen den Bund Gottes wankend machen, können oder dürfen uns bestimmen, den heiligen Bau, der vor Jahrtausenden ward aufgeführt, als wäre er ein vergängliches Menschenwerk anzutasten.

Schon das Eine müßte uns an der Lauterkeit und dem Werthe jener verneinenden Richtung irre machen, daß sie mit Einem Federstriche die ganze Vergangenheit des Judenthums auszustreichen, mit Einem kühnen Griffe den Grundzug und die Eigenthümlichkeit, durch die die Lehre Israels die Stürme und Wogen auf dem großen Meere des Schicksals überwunden hat, zu vertilgen unternimmt. Also erst jetzt sind wir zur Einsicht gekommen, daß unser ganzes bisheriges Leben ein Wahn, ein Irrthum gewesen? — O, meine Freunde! Es ist nicht das erste Mal im Leben Israels, daß es in eine ihm fremde

---

[1]) Sota 33b. — [2]) Jes. 52, 3.

Umgebung eingetreten, daß es in der Kraft seiner göttlichen Sendung und seines ewigen Inhaltes, nachdem es die ersten Schmerzen überwunden, zu lebendiger Frische und Blüthe aufs neue gediehen. Es hat den verführerischen Lockungen, der üppigen Lust und den sinnenblendenden Reizen der Heidenwelt mit seinem einfachen schlichten Glauben widerstanden; es hat, nachdem ein wohlwollender Fürst [1] ihm sein Recht wiedergegeben, in Esra und Nechemjah das ihm eigenthümliche Leben sich wiedergewonnen; es hat in den Heldensöhnen der Hasmonäer, als ein stolzer Wütherich die Axt an seines Lebens Wurzel legte, sich in jugendlich heldenmüthiger Kraft erhoben; es hat die größte siegreichste Tapferkeit bezeigt, als es in den schweren Zeiten mittelalterlicher Verfinsterung — da es sein Leben kaum schützen konnte vor den entfesselten zügellosen Pöbelrotten, die sich für den Glauben in dem Blute Israels begeisterten und berauschten — seinen Gott und sein Gotteswort sich bewahrt und es den nachkommenden Geschlechtern vererbt. Es wird aus all der Zerrissenheit und Zerwürfniß der Gegenwart in verjüngter Gestalt, in neuer Schönheit und Herrlichkeit aufstrahlen. Aber dazu bedarf es von unserer Seite, die wir in dem Namen Israels unsern Stolz und unsern Schmuck erkennen, der treuen Anhänglichkeit und der redlichen innigen Liebe und Treue für das Wort Gottes und sein Gebot. צדק צדק תרדף למען תחיה וירשת את הארץ אשר ה׳ אלהיך נתן לך „Der Gerechtigkeit strebe nach, daß du lebest und den heiligen Boden in Besitz nehmest, den der Ewige dein Gott dir giebt".

Wie wir bei Allem, was wir um uns her sehen, bei dem Zerstreuenden und Verwirrenden, bei dem Betrübenden und Schmerzlichen uns erhalten sollen? — Fest und mannhaft sollen wir unsere Stellung einnehmen, nach dem Worte des Propheten [2] „auf der Warte stehen und sehen und horchen was Gott zu uns redet", bei jeglichem Zweifel und jeglichem Bedenken — wie es in unserem Wochenabschnitte heißt וקמת ועלית אל המקום אשר יבחר ה׳ אלהיך בו [3]) — uns erheben und aufmachen und uns aus dem ewigen Quell der Lehre Rath und Trost holen. —

Aber der Fortschritt und die Erleuchtung, höre ich fragen, was soll aus ihnen werden? — Meine Freunde! Nicht in der Leichtfertigkeit, nicht in der Ungebundenheit hinsichtlich des religiösen Lebens, nicht in

---

[1] Cyrus, der Perserkönig. — [2] Chabak. 2, 1. —
[3] 5. Mos. 17, 8.

der Willkür, die sich selber das Gesetz giebt oder gesetzlos dahin wandelt, nicht in der Zertretung und Zerstörung heiliger Gebote, in denen
dem Kundigen Sinn und Gehalt und Geist sich offenbart, sondern in der
lebendigen Ueberzeugung, in der Freudigkeit und Willigkeit, mit der
wir uns dem göttlichen Gebote weihen, liegt des Geistes Licht und
der Erkenntniß Kraft. Als der Prophet Secharjah seine Zeitgenossen
zum Wiederaufbau des Gottestempels mahnte, da wurde ihm erst ein
Bild gezeigt, das in verhüllter räthselhafter Gestalt ihm den Stand
Israels veranschaulichte. Er sah den Priester in schmutzigen Gewän-
dern לבש בגדים צואים; er sah das religiöse Leben verfallen und
versunken, den Geist herabgekommen, die Frische und den Muth ge-
schwunden, die Thatkraft gelähmt. Ein trauriges Bild! והשטן עמד
על ימינו לשטנו „Und ihm zur Rechten stand der Hinderer", der Feind
und Gegner jedes Aufschwungs. Aber es werden dem Priester die
schmutzigen Gewänder abgenommen, und er steht da in feierlichem
Weiheschmucke, prangend und glänzend in dem Priestergewande. Da
erging das Wort des Ewigen an ihn: כה אמר ה' צבאות אם בדרכי
תלך ואם את משמרתי תשמר וגם אתה תדין את ביתי וגם תשמר את
חצרי ונתתי לך מהלכים בין העמדים האלה „So spricht der Ewige:
Wenn du in meinen Wegen wandelst und meines Amtes wartest, auch
meines Hauses dich annimmst und meine Höfe bewahrest, so werde
ich dir Wege eröffnen zwischen den hier Stehenden" [1]).

Das gilt auch für uns, das sei auch unser Vorbild und Richtmaß! Wenn wir erst dem religiösen Sinne und Geiste die würdige
Gestalt und die erhebende Form wiedergewonnen, wenn wir erst die
versäumten, so lange verkannten Heiligthümer Gottes in ihre Rechte
wieder eingesetzt, wird ein frischer freudiger Geist der Erkenntniß
und der Erhebung sich ausbreiten, und es werden sich Bahnen aufthun zwischen den Stillstehenden, — Bahnen, die emporführen zu
Gott und zu wahrer Menschenwürde.

Und solchen Geist der Wahrheit und Lauterkeit, o Gott, laß uns
Allen das Herz erfüllen! Mit solcher Liebe und Innigkeit, mit solcher Wärme und Treue möge uns Alle dein Wort und der Geist

---

[1]) Sech. 3, 1—7.

deiner Lehre erheben, daß wir mit Freuden dir dienen, mit unserer besten Kraft uns dir hingeben und weihen; daß deine Ehre und deine Herrlichkeit uns das höchste Ziel und der reinste Lohn sei! Gieb du den Zweifelnden den fehlenden Muth, die Irrenden führe du zu dir zurück, daß in brüderlicher Einigkeit und Eintracht, in Liebe und Hingebung für dich und deines Namens Ruhm Alles wetteifere, und es erkannt werde, daß dein Name ist an uns genannt und daß dein Bündniß mit uns für Ewigkeit ist geschlossen worden, daß dein Licht in uns leuchtet, dein Geist in uns waltet, und daß, wie du in väterlicher Treue an uns dich bewährt hast, wir auch in kindlicher Dankbarkeit und Ergebung dir uns vertrauen! — Amen!

XLVIII.

Gefahren der Sinnlichkeit und Schutz dagegen.

פרשת תצא.

Meine andächtigen Zuhörer!

Das größte umfassendste tiefsinnigste Wort, das über des Menschen Bestimmung und sittlichen Beruf ausgesprochen worden, ist das
Gebot der Gotteslehre: כי אני ה׳ אלהיכם והתקדשתם והייתם קדשים
כי קדוש אני. „Denn ich bin der Ewige euer Gott. So heiliget euch,
auf daß ihr heilig werdet; denn Ich bin heilig" [1]. — Summe und
Endziel alles höhern Lebens und geistigen Strebens ist hiernach Heiligung, Verklärung und Weihe des Menschen. Den reinen Glanz
des Göttlichen, des Himmels ungetrübte Lauterkeit unserem Denken
und Fühlen zu gewinnen, jeder unserer Handlungen und jedem Wirken und Schaffen das Gottessiegel eines höhern Bewußtseins, den
Stempel der Ewigkeit und Unsterblichkeit aufzudrücken — das ist das
wahre und echte Lebenswerk, die Arbeit, zu deren Vollendung und
treuer gewissenhafter Ausführung Jeder von uns ist in das Dasein
getreten. Fasset die Aufgabe des Menschen von welcher Seite ihr
wollt: reiner und schöner kann sie nicht dargestellt werden, denn als
ein unabläßiges Bilden und Läutern, als ein nimmer rastendes Streben und Ringen, das Urbild Gottes, wie es uns in die Seele ist ein-
gezeichnet, in uns zu verwirklichen, ihm uns inniger und fester zu
verbinden. Das ist der Frommen Werth und Abzeichen, daß sie das
Gebild dem Bildner, das Geschöpf dem Meister ähnlich zu machen
trachten [2].

---

[1] 3. Mos. 11, 44.
[2] Vgl. Bereich. r. 27; Jalk. Ezech. 340: גדול כחן של נביאים שמדמין
נטיעה לנוטעה וצורה ליוצרה

In dieser Arbeit uns zu kräftigen und zu stärken, dieses höchste Ziel uns stets vor Augen zu rücken, dazu uns immer und immer aufs neue hinzulenken — das ist wiederum der Gotteslehre Bestimmung und Wesen. Ob sie in uns die reinsten und edelsten Empfindungen zu erwecken und die geweckten wach zu halten sich bemühe; ob sie an das unmittelbare religiöse Bedürfniß sich wende und diesem Leben und Kraft zu verleihen trachte; ob sie auf einen höhern Standpunkt der Betrachtung uns erhebe und uns lehre, in dem verworrenen Getriebe des Lebens, in dem gewaltigen Durcheinanderwogen der Weltbegebenheiten und Völkergeschicke den Alles leitenden und führenden Schöpfer zu erkennen; ob sie in dem Gleichmaße des Naturlaufs und seinen gesetzmäßigen Erscheinungen die Spuren Dessen uns zeige, der aus dem stillen Geheimniß seines undurchdringlichen Waltens doch so vernehmlich und laut sich verkündiget; ob sie Lehre und Vorschriften uns ertheile, wie des alltäglichen Lebens Verrichtungen und Bestrebungen durch den Gedanken an Ihn gehoben und geheiligt werden: immer ist das Eine ihre letzte und höchste Absicht, dem Menschen die Göttlichkeit seines Ursprungs, die Erhabenheit Dessen, nach dessen Ebenbild er ist erschaffen worden, die hohe begeisternde Sendung, die ihm geworden, in unvertilgbaren Zügen vor die Seele zu führen und in das Innere einzuprägen. ושמרתם את חקתי ועשיתם אתם אני ה' מקדשכם „So sollt ihr meine Satzungen hüten und sie ausüben! Ich bin der Ewige, der euch heiliget" [1].

Aber zu solcher Arbeit im Dienste Gottes bedarf es auch von unserer Seite des aufrichtigen Willens. Es bedarf des festen unerschütterlichen Entschlusses, alle die in uns ausgestreuten Funken göttlichen Sinnes und höhern Könnens zu hellem Lichte zu entflammen, die im Schoße der Seele verhüllten Keime nicht durch Trägheit oder bösen Willen verwesen und verkommen zu lassen. Es bedarf der pünktlichen sorgsamen Pflege, der Wartung und des Anbaues, daß diese Keime emporkommen und gedeihen, daß sie zu immer schönerem Wachsthume sich entfalten und Frucht tragen. Es bedarf des offenen Ohres, daß wir achtsam und verlangend aufhorchen auf jede Stimme, die uns mahnet, wenn wir lässig sind; die uns warnet, wo wir arglos uns hingeben; die uns zurückruft, wenn wir in die Irre gehen und den Weg verlassen, der uns vorgezeichnet worden. Wie es einem Jeglichen von euch unverbrüchliche Regel ist, keinen Rath zu versäumen, der

[1] 3. Mof. 20, 8.

euch für die Erhaltung und Begründung eures zeitlichen Wohles ertheilt wird, keine Weisung zu mißachten, aus der euch irgend ein
Vortheil erblühen, die euch einen Verlust verhüten und abwehren kann;
wie ihr euch Dessen befleißigen werdet, was euch empfohlen wird als
ein Schutzmittel gegen die Ansteckung verderblicher Krankheiten, als
eine Bürgschaft für die Dauer eures leiblichen Lebens: so — nein!
nicht so, in noch viel **höherem Maße**, ungleich mehr soll euch die
Hut und Pflege eures geistigen Wohles, eurer innern Gesundheit,
eures unsterblichen Menschen nahe gehen. Ich sagte: **Nicht so.**
Und doch, wie zufrieden, wie begnügt könntet ihr sein, wenn ihr das
Ewige an euch nur so liebtet und bewachtet als das Hinfällige und
Sterbliche, wenn ihr für Das, was von euch bleibt und dauert, von
euch reden und zeugen wird in einer andern Welt, mit solcher An-
strengung euch mühen wolltet, wie für Das, was schon der nächste
Moment kann hinraffen, was jeden Augenblick eine Beute einer un-
vorhergesehenen, aber doch unausbleiblichen und unausweichlichen Macht
werden kann.

Ist es euch nun Ernst um eine solche Pflege eures innern Lebens, Ernst um den Anbau des Eden, das Gott der Herr in uns hat
gepflanzet und darein er uns hat gesetzt: so denkt, daß er uns darein
gesetzt hat, לעבדה ולשמרה „es zu bearbeiten und es zu hüten" [1])!
In diesen zwei Verrichtungen theilt sich das Lebenswerk, das
echte wahrhafte Leben für Gott und das Göttliche: Hüten und Anbauen; das Eine nicht ohne das Andere, das Eine Bedingung des
Andern! Werdet ihr in eurem Garten Bäume pflanzen und Blumen ziehen und alle Farbenpracht der lieblichen Kinder der Sonne
auf zierlichen Beeten sammeln und dabei das Unkraut ungestraft wu-
chern, das Gesträpp ungehindert sich ausbreiten, schädliche Gewächse
sich eindrängen und einnisten lassen, die am Ende die edleren Pflan-
zungen überwuchern, ihnen Saft und Kraft aussaugen und die ihnen
gehörige Stelle verengen, ja endlich ganz rauben müssen? —

Darum sage ich, die Aufgabe ist eine doppelte: bauen und
hüten; das Göttliche und Heilige pflanzen und anbauen, aber ihm
auch Dauer und Sicherheit dadurch geben, indem ihr Alles von euch
weiset, abhaltet und abwehret, was sein Gedeihen hindern, seine Blüthe ausdörren, seine Frucht verkümmern mag. Für das Eine wie
für das Andere hat die Gotteslehre uns ihre Weisungen ertheilt,

---

[1]) 1. Mof. 2, 15.

Mittel und Wege für das Eine wie für das Andere uns gezeigt. Sie gebietet und fordert — לעבדה —: sie verbietet und weiset ab — לשמרה — zum Schirm und Schutz unserer Seelen.

Wollt ihr einen solchen Rath anhören zu gewissenhafter und treuer Beherzigung, — einen Rath, wie ihr euch schirmen könnet und schirmen sollet? Verlanget ihr eine Anleitung, wie ihr über euch wachen könnet, einen Hinweis auf Das, wovor ihr euch hüten müsset, so ihr einem höhern heiligen Leben und Wirken euch weihet? — So höret die Gesetzesvorschrift gleich am Eingange der heutigen Paraschah:

5. Mos. 21, 10—13.

כי תצא למלחמה על איביך ונתנו ה' אלהיך בידך ושבית שביו: וראית בשביה אשת יפת תאר וחשקת בה ולקחת לך לאשה: והבאתה אל תוך ביתך וגלחה את ראשה ועשתה את צפרניה: והסירה את שמלת שביה מעליה וישבה בביתך ובכתה את אביה ואת אמה ירח ימים ואחר כן תבוא אליה ובעלתה והיתה לך לאשה:

„So du in den Kampf ziehst gegen den Feind und du wirst ein Weib sehen unter den Gefangenen von schöner Gestalt und du wirst sie für dich begehren und sie zum Weibe nehmen wollen: so sollst du sie in dein Haus bringen, und sie soll abthun jeglichen Schmuck und jegliche Zier, abthun die bunten Prachtkleider, in denen sie deine Gefangene wurde, und soll bei dir bleiben und ihren Vater und ihre Mutter beweinen; dann magst du sie ehelichen und zu deinem Weibe machen". —

So das Gesetz. Verweilen wir erst, meine Freunde, einen Augenblick dabei! Es verdient unsere gespannteste Aufmerksamkeit.

Welcher Schatz von Menschlichkeit thut sich darin auf, welche zarte Rücksicht für das Menschliche, welche Schonung und Milde! — Es sollte die im Kriege Gefangene nicht eine Beute der rohen Lust des Siegers werden, das Loos der Gefangenschaft sie nicht der entfesselten Willkür des Kriegers rechtlos preisgeben. Auf der Einen Seite soll die Pflicht der Menschlichkeit geübt, auf der andern die zarten Regungen des Gefühls geehrt und geschont werden. Die Gefangene soll Zeit haben, um die Ihrigen zu weinen, von denen sie losgerissen worden; und erst nachdem dem Schmerze sich zu äußern und zu sättigen Raum geworden nachdem eine Frist verstrichen, in der die Gefangene mit ihrem neuen Loose sich zu befreunden Muße gewonnen, soll sie des Mannes werden dürfen, in dessen Hände des

Krieges Wendungen sie geführt. Auch in dem Feinde soll der Mensch nicht ungeachtet bleiben und der Stimme der Billigkeit und der Vernunft auch da ihre Stätte eingeräumt und gesichert werden, wo selbst in Zeiten der Bildung und Gesittung mit dem Begriffe des „Kriegsrechtes" eigentlich der des Unrechts sich verbindet und Das, was im Frieden verboten und verpönt ist, als erlaubt und gesetzmäßig gilt.

Dies Eine Gesetz wäre hinreichend, um den Geist der Friedfertigkeit und Schonung, der die Gotteslehre durchzieht und durchathmet, in seiner ganzen Reinheit zu offenbaren. Und wenn der oberflächlichen oder vorurtheilsvollen Betrachtung Härten in anderen Geboten erscheinen, so müßte der Umstand, daß wir auf der Einen Seite der humansten schonendsten Rücksicht begegnen, uns wenigstens zu einem bescheidenen Aufschube unseres Urtheils bestimmen. In diesem Sinne haben auch die späteren Ausleger und Erklärer der Gotteslehre das Gebot aufgefaßt und gedeutet.

Uns aber geht das Gesetz, das natürlich unsere Verhältnisse nicht mehr berühren kann, von einer andern allgemeinern Seite an. Die Alten bemerken dazu: לא דברה תורה אלא כנגד יצר הרע „Das Gesetz habe hier in seinen Verfügungen den bösen sündigen Trieb ins Auge gefaßt" [1]. Es habe die heidnische Kriegsgefangene — יפת תאר — erlaubt, wiewohl Solches dem Charakter und Geiste der Gotteslehre widerstrebe, um da, wo die Versuchung zur Sünde und zur blinden Hingebung an die augenblickliche Leidenschaft so mächtig sei, der Religion und Vernunft wenigstens so weit als möglich Gehör und Eingang zu verschaffen. Auch wir sagen: דברה תורה כנגד יצר הרע Hier hat das Gotteswort eine Predigt gegen יצר הרע, den bösen sündigen Trieb, gehalten; eine kurze bündige Predigt, wie ja das Rechte und Wahre einem willig aufmerkenden, auf die Läuterung und Vereblung seiner selbst treu und redlich bedachten Menschen gegenüber in der That nur weniger Worte bedarf, um verstanden und beherzigt, befolgt und gehalten zu werden. Wollt ihr nun wissen, wovon jene Predigt handelt, so will ich es euch sagen, und ihr werdet dann zugleich auch wissen, worüber wir heute zu gemeinschaftlicher Belehrung uns verständigen wollen.

1) Die Gefahren der Sinnlichkeit und
2) die Mittel, uns dagegen zu schirmen —

---

[1] Kiddusch. 21 b.

das ist Inhalt und Zweck des Gebotes, das sei Inhalt und Zweck unserer Erörterung!

I.

Unsere Alten bedienen sich öfter des Wortes: דבר הכתוב בהוה „Die Schrift redet von dem gewöhnlichen Falle, ohne den abweichenden auszuschließen" [1].

Die Gebote und Verbote der Lehre gelten nicht allein in der bestimmten Form und nur für das besondere Verhältniß, darauf sie sich beziehen, sondern zugleich auch in einem weitern Sinne und in größerem Umfange, wiewohl nur das Gewöhnlichste und Geläufigste namhaft gemacht werde. Auch von unserem Gesetze gilt: דבר הכתוב בהוה. Es ergeht nicht nur an Die, welche hinausziehen in den Krieg gegen den Feind; es ergeht noch viel dringender an Alle, die hinausziehen auf den großen Kampfplatz des Lebens, wo gerungen und gekämpft wird um reiche glänzende Preise, um die Freuden und Güter der Erde; wo ein Jeglicher sich vordrängt, es dem Andern vorzuthun; wo an dem ewig grünen blühenden Baume des Lebens die goldenen Früchte hangen und zum Genusse laden. Wer hinauszieht in dieses Getümmel und Gewühl und Gedränge, wer dort seine Stelle und seinen Boden sucht in dem rauschenden Jubel, in der lauten Lust, in dem ruhelosen athemlosen Toben der entfesselten Begier, der Erdenfreuden und Sinnengenüsse — Der, meine Theuren! bedarf der Warnung, der mahnenden Stimmen, wie die Gotteslehre sie ihre erhebt und richtet an Die, die gegen den Feind ziehen, daß sie nicht bethört und berückt, daß sie nicht ohne freundlichen Rath und fürsorgende Leitung zur Beute werden, wo sie Beute machen, nicht untergehen, weil sie siegen, nicht verloren seien, indem sie gewinnen wollen, nicht bezwungen und unterjocht werden, wo ihnen Alles sich zu beugen und zu fügen scheint.

וראית . . . וחשקת . . . ולקחת „Du siehest — du begehrest — du nimmst —" das ist mit wenigen Strichen ein ganzes Gemälde, ein Lebensbild; da ist ein ganzes Stück der innern Geschichte des Menschen, der Geschichte der Sünde, in wenigen treffenden Worten erzählt. Das ist in Kurzem, wenn ihr wollt, das ewig sich wiederholende Schauspiel, darin ein Jeglicher auf Erden seine

---

[1] Mechilta Nr. 20 zu 2. Mos. 22, 30 und sonst.

Rolle hat. Das sind die drei Stufen auf der Leiter der Sünde, die Staffeln, die von der ersten Regung des Sinnlichen in uns zu der Verwüstung unseres innern Lebens, zur Zerstörung unseres Seelenfriedens, zur Lähmung unserer geistigen Kraft, zum Tode des Edlern und Göttlichen in uns unausweislich führen.

עינא ולבא תרי סרסורי דעברה נינהו mahnen die Alten: „Das Auge und das Herz sind die beiden Mittler und Helfershelfer der Sünde"[1]). Das Auge sieht, das Herz begehrt; aus dieser Quelle strömt in unzähligen Armen und Kanälen die Fluth der Begierden auf uns ein.

Wo die Sinnenlust und der Sinnenreiz und der gemeine rohe Trieb zur Herschaft gelangen, da, meine Theuren! geht das große unermeßliche Reich der Sünde an, und die Altäre werden umgestürzt, auf die der Mensch, der edle Unsterbliche, der von Gott so schön begabte, für so heiliges hohes Werk Gerüstete und Geweihete, seine reinsten und schönsten Spenden niederlegen soll. Da tritt es auf, das Heer der Wünsche, der Schwarm von Begierden und Ansprüchen, mit immer neuen Bedürfnissen und immer neuen Reizen; da taumelt der Mensch zwischen Begierde und Genuß, von der Fülle zur Leere, von der Leere zur Fülle; da sättigt die Befriedigung nicht, sie stachelt und treibt zu neuem Hunger, למען ספות הרוה את הצמאה „damit der Rausch den Durst vermehre"[2]). Da schaaren sie sich gegen uns, unseres eigenen Innern Ausgeburten, die sinnlichen Gluthen der Leidenschaft, — erst unsere Verbündeten, Kinder unseres eigenen Wollens, bald unsere erbitterten Gegner; erst unsere Diener, bald unsere Herren und Meister. Ausgesandt als Boten, kehren sie heim, unser Begehr erfüllend; aber bald sind sie es, die uns zu ihren Boten machen, uns aussenden, wohin sie wollen, und sie fordern endlich mit stürmischem Ungestüm die Unterwerfung in ihr unabweisliches Machtgebot.

Folge nur den verlockenden Bildern, die dir dein Auge zeigt: gehe ihnen nach, wohin sie dir winken! Dort winkt die Lust in ihrer reizenden, Sinne bethörenden Hülle, שיה זונה ונצרת לב „im Anzuge der Buhlerin mit dem tückischen Herzen"[3]); hier winken die Güter der Erde, des Reichthums Pracht, der Glanz und die Fülle, die Ehrenerweisungen der Menge, die Gunst der Mächtigen. Geh' hin! Du wirst das Leben in vollen Zügen schlürfen; du wirst staunen über

---

[1]) Jalkut 4. Mos. Nr. 750. — [2]) 5. Mos. 29, 8. — [3]) Spr. 7, 10.

die Fülle der Welt und ihren Reichthum. Wie sie immer neu ist und immer aufs neue dich fesselt! Nur Ein Mal stürze dich hinein in den Strom der Lust, in die reißende Fluth der Begierden — und du wirst nimmermehr aus ihren Tiefen dich emporringen. Eine Woge trägt dich auf die andere, Eine Welle wird dich der andern übergeben.

ואמר רבה בר בר חנה זימנא חדא הוה אזלינן בספינתא וחזינן ההוא ציפרא דקאים עד קרצוליה במיא ורישיה ברקיע ואמרינן ליכא מיא ובעינן ליחות לאקורי נפשין ונפק בת קלא ואמר לן לא תיחותו הכא דנפיל ליה הציצא לבר נגרא הא שב שני ולא קא מטיא אארעא ולאו משום דנפישי מיא אלא אלא משום דרדפי מיא „Wir sind einmal im Schiffe gefahren", erzählt ein talmudischer Weiser, „da sahen wir einen Vogel, der bis zu den Knöcheln im Wasser stand, dessen Haupt in den Himmel reichte. Da sprachen wir: Hier ist ein seichtes Wasser; wir wollen hinein, uns abzukühlen! Da hörten wir eine Stimme, die sprach: Gehet nicht hinein! Sieben Jahre ist eine Axt da hinein gefallen und hat den Boden nicht erreicht, und nicht weil das Gewässer so tief und unergründlich ist, sondern weil die Fluthen so reißend schnell sind"[1]). — Der Vogel, der zwischen Himmel und Erde steht, den kennet ihr wohl nicht? — Das ist der Mensch mit seinem flüchtigen Dasein, in dem Unbestand und Fluge der irdischen Dinge. „Bis an die Knöchel reicht ihm die Fluth": — er gehört der Erde, gehört der Sinnlichkeit; aber „sein Haupt", das Unsterbliche, Ewige an ihm, ragt in den „Himmel". „Lasset uns hinein in die Fluth, wir wollen uns kühlen!" das ist das Wort, damit wir uns Alle berücken und täuschen. Wir meinen, nur auf einen Augenblick, nur für die flüchtige Erholung eines Moments der Weltlust uns hinzugeben, nur uns zu kühlen, zu erfrischen durch ein Bad in dem reißenden Strome. Aber die Stimme von oben ruft: „Gehet nicht hinein! Unergründlich ist die Fluth nicht": auf ihren Grund und Boden seid ihr bald gekommen; jede Lust ist bald verrauscht, die Flamme bald erloschen, und die todte Kohle bleibt. „Aber reißend ist die Fluth", und ist die Eine Flamme erloschen, so entzündet sich bald eine andere.

„Du siehest — du begehrest — du nimmst". Hast du erst die יפת תאר, die reizende lockende Sünde gesehen: von der ersten Augenlust zur entflammten Begier ist nur ein Schritt. Und ist diese einmal wach und rege, so sind tausend Zungen in dir geschäftig, zu

---

[1]) Bab. batr. 73b.

dir zu reden; taufend Stimmen in dir rufen und treiben dich. Du willft ihnen nun das Gehör verfagen, — du kannft nicht; willft fie niederfchreien, — deine Stimme ift zu fchwach. Du haft dem Stummen die Sprache gegeben; du felbft haft Das, was gebändigt unter der Macht deines höhern Wollens fich nicht regen follte, frei gemacht. So find fie denn wie durch einen Zauberfchlag entfeffelt, die dunkeln Gewalten, die in den Tiefen der Bruft lagern und lauern auf den günftigen Augenblick, da fie hervorgehen dürfen aus ihren Höhlen an das Tageslicht. Du haft ihnen gewinkt, — fie folgen; du haft ihnen zugeflüftert, — fie haben gehört und abgeworfen ihre Ketten. Sie folgen, wohin du winkft, gehorfam, geduldig, willig; fie werden fich fchon bezahlt machen, mit doppelten Zinfen den Lohn fich fordern für ihren Dienft. Bald rufen fie dich und du wirft ihnen folgen — ein Sklav, ein willenlofes Werkzeug in der Hand tyrannifcher Gewalten. Sie fchöpfen mit vollen Eimern für dich aus des Lebens Fluth; Einen Becher nach dem andern reichen fie dir, gefüllt bis zum Rande. Schlürfe, trinke, leere ihn bis auf die Hefen, bis auf den Bodenfatz! — Nun glaubft du fertig zu fein. Du haft getrunken, genoffen, gefchwelgt. Jetzt willft du ein anderes Leben verfuchen. Du bift der verfuchten Weife müde, bift ermüdet, erfchlafft. Nun denn, fo verfuch's! Erhebe deinen Geift! Spanne die Fittige des Unfterblichen in dir aus, um den Flug zum Himmel zu nehmen! — Du kannft nicht. Du fiehft fie aus der Ferne, die lichten Sphären eines fchönen reinen ewigen Tages; du möchteft hinauf: es will nicht gehen. Wo ift fie hin, die Kraft deines Innern, die Macht deines Entfchluffes? Wohin die Frifche und Freiheit und Freudigkeit des Geiftes? Die Flügel find gelähmt, die Schwungfedern ausgefallen. — Jener alte Rabbi hat auch das gewußt und in feiner wunderfamen räthfelvollen Bilderfprache uns erzählt: וימנא חדא הוה קא אולינן במדברא וחזינן הנהו אווי דשמטי גדפייהו וקא נגדי נחלי דמשחא מתותייהו אמינא להו אית לן בגוייכו חלקא לעלמא דאתי דלי חדא אטמא ואידך דלי גדפא אמר לי עתידין ישראל דלי אטמא כי אתאי לקמיה דר' אלעזר דמיתבען עליה את הדין ,,Wir find einmal in die Wüfte gegangen. Da fahen wir Gänfe, die ließen die Flügel hängen, fo feift waren fie, und in Strömen troff das Fett von ihnen herab. Da fragt' ich fie: Wird mir von euch ein Stück im künftigen Leben zum Antheil werden? Da hob die Eine das Bein, die andere hob die Flügel" [1]). —

[1]) Bab. batr. 73 b.

Die feisten Gänse in der Wüste — das sind die Weltkinder, die auf den Triften und Angern der Erde grasen und sich in Ueppigkeit und Lust, in Freud' und Wohlleben wälzen, die an der Sünde sich mästen und darin auf- und untergehen. Die Federn verlieren sie; sie verlieren den Aufschwung ihres unsterblichen Theils, ihrer heiligen Empfindungen; sie verlieren die Flugkraft des unsterblichen gottähnlichen Geistes, der über die Erde und deren Schlamm und deren Irrsal sie hinaustragen soll. Indeß, sie sind feist und wohlgenährt; und wohl konnte der ernste Weise, der die Freuden der Welt und der Erde Lust nicht kennen gelernt, noch fragen, ob ihn solche Freude und Lust in einem höhern Leben, in einer andern Welt erwarte; ob er dort finden werde, worauf er hier verzichtet. Statt der Antwort zeigt ihm die Eine, daß sie nicht mehr gehen, die Andere, daß sie nicht mehr fliegen könne. Wer einmal in die Lust und den Sinnenrausch seines Lebens Werth setzet, der hat auf ein höheres Leben verzichtet; der kann weder vorwärts kommen, noch aufwärts sich erheben; der kann nicht mehr von der Stelle fort, in die er sich selbst hat eingebannt. Und wahrlich, der Andere hatte Recht, welcher bei der Mittheilung dieser Erzählung ausrief: עתידין ישראל ליתן עליהן את הדין „Der Israelit, der das Bild gesehen und es nicht beherzigt hat, der, statt freudig und willig seinem Gotte zu dienen und darein seines Lebens Werth und Wesen zu setzen, sich in der Wüste, in der Oede eines sinnlichen, auf den Genuß gerichteten Lebens mästet, — der hat sein Urtheil sich selbst gesprochen, der hat sich selber verbannt und ausgeschlossen aus dem Reiche des Herrn". ––

Diese Betrachtungen, meine Freunde! so nahe liegend sie sind und so oft sie angestellt und ausgesprochen worden, sind uns dennoch nicht so gegenwärtig und haben über uns nicht die Macht, die sie haben sollten. Es gehört von uns und unserer Zeit und unserer Kraft denn doch das Meiste dem Dienste der Welt, deren verführerische eingebildete Reize uns fesseln. Ist es auch nicht ein bestimmtes Laster, dem du fröhnst, ein ausgesprochenes Gelüst, dem du dich in die Arme wirfst, so ist doch der Genuß und das Wohlleben, die Befriedigung und der Kitzel der Sinne mehr oder weniger das herrschende Uebel der Zeit. –– Daß euch die ausgesprochenen Ansichten und Gedanken bekannt sind, das glaube ich gern. Es werden die Feinfühlenden, die Gebildeten, die Kunstrichter sagen, das sei ein altes Thema, ein abgebrauchtes, ein Gemeinplatz der Kanzel. — Nun,

meine Freunde, das gebe ich zu — in einem gewiſſen Sinne. Ein
Gemeinplatz der Kanzel iſt dieſe Erörterung allerdings, aber nicht der
Kanzel inſofern ſie aus Mangel und Noth um neue Wahrheiten ſich
auf das Hergebrachte beſchränkt, ſondern inwiefern ihr die Aufgabe
geworden, das Gemeine und Niedrige als Gemeines und Niedriges
zu ächten, es in ſeiner Scheuſeligkeit und Verworfenheit zu brand-
marken, damit ſie für das Hohe und Heilige, das ſie pflegen und
zeitigen ſoll, Raum gewinne. So lange die Sünde Jünger wirbt
und gewinnt; ſo lange die Sinnlichkeit und die Weltluſt mit ſeinen
Netzen uns zu umgarnen oder mit ihren dicken groben Seilen und
Stricken uns zu binden trachtet, das Edle und Göttliche der Men-
ſchennatur umſchlingt und einſchnürt; ſo lange um ſolcher nichtigen
eitlen Dinge willen die ewigen Aus- und Anſprüche der Religion und
Sittlichkeit, der Weisheit und Vernunft überhört werden; ſo lange
die erſten und heiligſten Pflichten gegen Gott und gegen uns ſelber
als ein Wahn verlacht, als eine übrige läſtige Zumuthung der Ge-
meinheit des Sinnes, der knechtiſchen Hingebung an das Leben und
ſeine Aeußerlichkeiten erſcheinen: ſo lange müſſen die einfachſten That-
ſachen der religiöſen oder ſittlichen Erkenntniß, die Mahnungen an
das allbekannte Wahre und Rechte vertreten, deſſen Widerſpruch gegen die geltende beliebte Verkehrtheit gezeigt, deſſen Einſpruch gegen
die Thorheit der Zeit erhoben werden. . . . ויאמר אם שמע תשמע
בחדש ‏אם שמע ביש תשמע „Nur wenn du das Alte hörſt und be-
achteſt, kann dir auch Neues ſich erſchließen und zugeführt werden"
bemerken unſere Weiſen [1]). Welchen Sinn und welche Berechtigung hätte auch heut zu Tage die Klage über die nachdrückliche
Hervorhebung alter Wahrheiten und der Anſpruch, Ungekanntes
und Neues ſich darbieten zu laſſen? — Hören möchten ſie Neues,
um es ebenſo wenig zu üben und zu bewahren, als das Alte;
hören möchten ſie das Neue, aber feſthalten an ihren alten Thorheiten und Verkehrtheiten und Sünden, an der gewohnten tief
gewurzelten Eitelkeit und Oberflächlichkeit. Sie fordern eine neue
Lehre; aber der Menſch an ihnen, der ſoll der alte bleiben. Ich
aber muß vielmehr einen neuen Menſchen für die alte Lehre fordern. חביבה תורה על לומדיה בכל יום ויום כיום שנתנה מהר סיני
„Das Gotteswort iſt Denen, die es ſich aneignen, täglich ſo lieb und
ſo neu, wie am Tage, da es am Sinai iſt offenbart worden" [2]).

---

[1]) Berach. 40 a. — [2]) Berach. 63 b.

So der Mensch sich selbst verjünget und belebt, wird die alte Wahrheit ihm neu und frisch erscheinen und erneut und erfrischt dem willigen Sinne sich erschließen. — Die Sünde und die Versuchung, die ist alt, uralt, mit der Menschheit geboren; die Stimme, die zum Genusse der verbotenen Frucht am Lebensbaum lockt und reizt, das willige, leicht beschwatzte Herz und Ohr, das der Verlockung folgt, — das ist Alles alt, uralt. — Ist es aber nicht auch neu? Verjünget sich die Sünde und der Reiz zur Sünde nicht jeden Tag, jede Stunde, jede Minute? — יצרו של אדם מתגבר עליו בכל יום ... שנאמר צופה רשע לצדיק ומבקש להמיתו „Erwacht nicht der böse Trieb im Menschen verstärkt jeden Tag in ihm?" [1] Windet sich nicht mehr die alte Schlange — נחש הקדמוני — um den Baum mit der prangenden Frucht in zahllosen Ringeln und Windungen und Krümmungen? Häutet sie sich nicht, die uralte Sünde, streift den alten Balg von sich und schillert in bunter farbiger Pracht in erneuter Gestalt? — Die Sünde ist vielfach und mannigfaltig, vielfarbig und vielgestaltig, wie die Giftpflanzen in den hellsten frischesten Farben prangen. Die Wahrheit, das Rechte, das Gottgefällige, Menschenwürdige, — das ist ewig Dasselbige, immer Eines, ungetheilt, unverändert, unwandelbar, schlicht, ohne Gepränge und Schimmer und Farbe, wie das einfache Grün des erfrischenden Rasenteppichs, des schirmenden nährenden Baumes. —

Darum dürft ihr nicht müde werden der alten Wahrheit und Weisheit. Sie ist darum alt, weil sie in jeder Zeit ist jung gewesen, und wird jung bleiben, weil sie jedem Wechsel und Wandel trotzt und Stand hält. Darum sollt ihr die alte Lehre lieben und die neue Thorheit hassen, darum die alten Aussprüche des ewigen Geistes höher halten als eure neuen Eingebungen und Träume, das alte vollhaltige Echte vorziehen dem flimmernden und schimmernden unedlen Metalle der Neuzeit, die alte ewige Tugend höher halten als das ewig neue und ewig junge Laster.

II.

Wie wir uns gegen die Gefahren der Sinnlichkeit, gegen die Angriffe und Anfechtungen des sündigen Triebes verwahren und schirmen sollen? —

---

[1] Succa 52 b; Kidd. 30 b.

Lefet unfer Gefeß: והסירה את שמלת שביה מעליה Die ſchönen Gewänder, die glänzenden Prachthüllen, in denen das Weib zuerſt den Blick des Siegers auf ſich zog, die ſollte ſie ablegen, ſich überhaupt alles Schmuckes und aller Zier, alles Deſſen, was zur Erhöhung ihrer Anmuth beitrug, von ſich thun. — Das iſt ein Blick in das menſchliche Gemüth, der in die tiefſten Wurzeln des Herzens bringt, חפש כל חדרי בטן „alle Gemächer und Kammern des menſchlichen Innern erleuchtet und erhellet"[1]).

Und das Geſetz gilt auch für uns. Wo euch irgend ein Reiz, irgend ein Genuß, irgend ein ſinnliches Gelüſt blenden will; wo ihr mit ungeſtümer Seele verlanget und begehret: da bedenket, wie in dem Geſetz das fremde Weib dem Sieger erlaubt iſt, aber erſt nachdem ſie all ihren Schmuck abgelegt, nachdem ſie ihrem Kummer und Gram den Ausdruck gegeben. Denn gerade das Unerreichbare, das durch Bollwerke und Mauern von uns Getrennte, entflammt uns deſto leidenſchaftlicher. Aber verſucht's: ziehet der יפה האר, der ſchönen glänzenden prangenden Luſt die Hüllen und Gewänder ab! Verſucht's, wenn ihr den täuſchenden Namen, den ihr ihr gebet, um euer beſſeres Gefühl zu berücken und zu bethören, in den wahren, der Sache gehörigen verwandelt, ob nicht dann eure Beſinnung euch wiederkehrt, ob ihr dann nicht beſchämt das Auge vor euch ſelber ſenket, ſchamroth, daß ihr zu ſolcher Entwürdigung und Entehrung euch habet erniedrigen wollen. Verſucht's: laſſet der ſich hervordrängenden Begierde nur Zeit, ובכתה את אביה ואת אמה daß auch ſie weine ob ihres unlautern unheiligen Urſprungs! אין אביה ואמה אלא עבודה זרה bemerkt ein Weiſer. „Sie ſoll weinen um die Götzen des Vaterhauſes"[2]). Und der Vater ſolcher ſündigen Regungen iſt der ſündige Trieb — יצר הרע —, die Mutter die ihm gehorchende, ſich ihm hingebende Sinnlichkeit.

Wahrlich, es würden viel weniger Thränen der Reue fließen nach der gebüßten Luſt; es gäbe der troſtloſen und verlorenen Seelen weniger auf Erden, weniger der Zerknirſchten und Gebeugten, die zu ſpät an den Gräbern ihres Friedens, an den Trümmern ihrer Seelenruhe händeringend weinen; es gäben der lebendigen Leichen, der umherwandelnden Todten nicht ſolche Schaaren und Haufen, in denen mit der erſchöpften Leibeskraft auch die Weihe des Gemüthes, die Heiligkeit, Freudigkeit und Fröhlichkeit des Sinnes untergegangen —

---

[1]) Spr. 20, 27. — [2]) Sifre Nr. 113 zu 5. Moſ. 21, 13.

so sie nur versuchten, der sich meldenden Sünde einen Aufschub zu-
zumuthen.

Unsere Alten, die einen lebendigen zarten Sinn, ein feines Auge
für das Edle und Heilige sowie eine durchdringende scharfe Sehkraft für alle Schwächen und Gebrechen, für alle die Keime, aus
denen die Sünde wächst, sich bewahrt, — die haben ein gutes Mittel
empfohlen: אם ראה אדם שיצרו מתגבר עליו ילך למקום שאין מכירין
אותו וילבש שחורין ויתעטף שחורין ויעשה מה שלבו חפץ „Sieht der
Mensch, daß ihn sein sündig Begehr überwältigen will, so lege er
schwarze Kleider an und hülle sich in die dunkle Farbe der Trauer
und gehe dahin, wo kein Mensch ihn kennt; dann mag er thun was
sein Herz begehrt"[1]). Wer sich so viel Zeit läßt, ehe er seinen
Regungen und Trieben folgt, daß er auch nur das Gewand wechselt,
daß er das bunte schimmernde Prachtkleid, in dem er seiner äußern
Erscheinung Anmuth und Gunst zu gewinnen trachtet, mit dem
demuthsvollen Schwarz der Trauer vertauscht; wer nur bedenkt,
daß er ein Trauerkleid anlegt um seiner Seele Ruhe, die er preisgeben will, ein Trauerkleid um die lichte himmelreine Unschuld und
Fleckenlosigkeit des Gemüthes, die er von sich wirft; wer dahin geht,
wo ihn Keiner kennt, als nur er selbst und sein Gott; wer in seines
Gewissens Kämmerlein sich einschließt und, ehe er dem Triebe der
Sünde die Thür öffnet, noch ein Wort der Zwiesprache pflegt mit
seinem bessern Triebe, — der kann thun dann, wie ihm sein Herz
gebeut. Ich denke, meine Freunde, so hoch steht des Menschen Adel
und Würde, so tief ist ihm sein göttlicher Ursprung eingepflanzt, — er
wird, er muß sich in der Weile besinnen ושב ורפא לו „und wird
umkehren und genesen"[2]).

Das also wäre das erste Schutzmittel gegen das Laster: uns
nur besinnen, uns Zeit gönnen. במלחמת הרשות הכתוב מדבר
„Es ist ein Kampf der freien Wahl"[3]), wo in unserer Hand Leben
und Tod, Segen und Fluch liegt; ובחרת בחיים „aber du mußt, du
sollst das Leben erwählen"[4]). — —

Ein zweites Schutzmittel giebt uns wieder der Wochenabschnitt
an ממה שאמר בענין in Dem, was gleich nachher folgt. Wir dürfen
hier, wie die alten Gesetzesausleger bemerken, das Zusammenstehende
und äußerlich Verbundene auch in einen innern Zusammenhang

---

[1]) Chagiga 16a. —. [2]) Jes. 6, 10, —
[3]) Sifre Nr. 211 zu 5. Mos. 21, 10. — [4]) 5. Mos. 30, 19.

bringen. Nachdem das Gesetz über die schöne Kriegsgefangene — יפת תאר — mitgetheilt worden, folgt als zweites: „So ein Mann zwei Weiber hat" — ihr wisset, daß im Morgenlande die Sitte der Vielweiberei herrschte, auf welche die Schrift Rücksicht nehmen mußte, um auch in dem unnatürlichen Verhältnisse dem menschlichen Gefühle und den Ansprüchen des Rechtes zur Geltung zu verhelfen — „und er liebt die Eine Frau, die andere nicht, die Verhaßte aber hat ihm zuerst einen Sohn gegeben: so soll dieser als Erstgeborner seinen Anspruch auf das Erbe des Vaters behalten". — Wie hängen nun die zwei aufeinander folgenden Gesetze zusammen? — הכתוב מבישרך שאתה עתיד לשנאותה „Hat Jemand das Weib geehelicht, das zuerst seine Lust und Begier entzündet hat, so wird sie ihm dann schon widerwärtig und lästig werden" [1]).

Und das ist das Zweite, was wir uns merken wollen. Das ist das Loos und Ende alles Dessen, was im ersten Rausch und Schwindel der Sinne von uns begehrt und errungen worden, daß wir am Ende, nachdem die erste Gluth erkaltet ist, mit Widerwillen und Abscheu uns von dem Gegenstande, der uns entflammt hat, abwenden. כי בהבל בא ובחשך ילך „Gekommen ist's im Tand und Spiel der Sinne und der Sinnlichkeit, und so geht es hin und schwindet und endet in lichtloser trauriger Finsterniß" [2]).

Ich möchte sie Alle zusammenrufen, jene Lüstlinge und Wüstlinge, jene Selbstmörder ihrer Unsterblichkeit, Jene, von denen die gemeine Redensart geht, sie hätten „viel gelebt", was doch wohl nichts Anderes heißt, als sie seien viel gestorben. Sie sollten uns ihre Erinnerungen und Eindrücke mittheilen, erzählen von dem Ertrag ihrer Lebensfahrt, uns die anmuthigen Gestalten schildern, die sie verlockt haben. Sie sollen sagen, ob ihnen Alles noch so glänzt und schimmert, noch Alles so winkt und ruft, ob sie noch jene unwiderstehliche Zaubermacht rühmen und preisen werden, der sie im Taumel, in der Blindheit und Dumpfheit ihrer Lust zugeeilt. Wahrlich, meine Freunde, sie würden sich abwenden — von den Larven und Zerrbildern, die in ihnen als Gespenster hausen, erschaudernd sich verhüllen vor den ihnen folgenden Skeleten und Gerippen der ihrer Frische, ihres Fleisches und Blutes, ihres Lebensodems entkleideten Lust. — Sehet den Baum im Frühlinge an, wenn Lenzesodem erfrischend weht, in seiner vollen Blüthenpracht, in seinem frischen

[1]) Sifre Nr. 214 zu 5. Mos. 21, 14. — [2]) Pred. 6, 4.

saftigen Grün! Sehet ihn dann am Schlusse des Herbstes, wenn das Laub ist herabgerauscht, die Krone der Blätter ist gefallen, die Zweige kahl sind und dürr an dem saftlosen Stamme niederhangend! Da habt ihr das Bild, ein Bild des Genußlebens, eines solchen für den Tod gelebten Lebens!

Scham und Reue macht den Gedanken an den Gegenstand früherer Lust zur quälenden Erinnerung, macht ihn zum Träger des Hasses und der Vorwürfe, die der Mensch nur sich selber hat aufzubürden. Der erwachte bessere Sinn übt sein Gericht und verdammt und verurtheilt, wo früher die Sünde hat gehaust und die Wahrheit verkehrt in Lüge. Die Genossen und Helfershelfer — früher begehrt, gesucht — sie werden gemieden, geflohen, als Mahner, als lästige quälende Zeugen der Schmach. Alle die abgeschiedenen Erinnerungen stehen wieder auf aus ihren Gräbern und treten als Forderer und Gläubiger auf; sie fordern von dem Ernüchterten Rechenschaft von seines Lebens Ertrag, von seiner Zeit Verwendung, von seiner Kraft Benutzung. הלוא פתע יקומו נשכיך ויקצו מזעזעיך והיית למשסות למו „Plötzlich erheben sich deine Peiniger und erwachen deine Quäler, und du wirst ihnen zur Beute"[1]. — —

Und nun noch ein Drittes, wiederum aus dem Wochenabschnitte! Das Gesetz von dem ungehorsamen widerspenstigen Sohne, בן סורר ומורה, das folgt nach den beiden Gesetzen, die wir besprochen haben. Hier bemerken wiederum die Alten: מה כתיב אחריו כי יהיה לאיש בן סורר ומורה כל מאן דנסיב יפת תאר נפיק מנייהו בן סורר ומורה „Wer widerstandlos seinem Begehren gefolgt und ohne edlen Beweggrund die Ehe mit jener verlockenden Kriegsgefangenen geschlossen, dem wird aus dieser Ehe ein Sohn hervorgehen, der abtrünnig und widerspenstig wird"[2].

Die Frucht der Sünde bleibt nicht aus; aus ihrem unreinen unheiligen Boden erwächst die Strafe. Die That, die ist frei; aber die Folgen müssen wir über uns nehmen. Wir streuen mit jeder Sünde, mit jeder Verirrung, mit jedem Schritte, den wir von der Bahn des Rechts und der Sitte, von den ewigen Gesetzen Gottes weichen, ein Samenkorn in den Boden unseres Lebens und Geschickes, das aufgehen wird zu seiner Zeit. Wir müssen die Frucht brechen, da wir den Baum gepflanzt, müssen mit reichem Zins wiedererstatten, wo wir aus den reichen Vorräthen des Bösen, der Sünde uns haben

---

[1] Chabac. 2, 7. — [2] Jelammed. zu unserem Texte.

geliehen. Da wird pünktliche Rechnung geführt; da wird Nichts geschenkt und Nichts erlassen. Das Weib, das in sündiger Lust das Herz entflammt, das wird dem eigenen Gatten zuwider, und der Sohn, den sie ihm geboren, ist ein Widerspenstiger, אינו שמע בקול אביו ובקול אמו „der nicht hört auf die Stimme seines Vaters und seiner Mutter" [1]. —

So fassen die Weisen das Stück zusammen, und sie haben damit ein Stück der sittlichen Weltordnung ausgesprochen. Empörung und Aufstand, Zwiespalt und Unfrieden, Auflösung der heiligen Bande — sie sind die endliche Folge des ersten sündigen Schrittes. Ob Gott, der gerechte Richter, mit so deutlichen Zügen das Gericht dir zeigen, mit so leserlicher Schrift das innere Band zwischen deiner That und ihren Folgen dir vorführen wird — das weiß ich nicht. Aber so kommt's und nicht anders, früh, spät; hier in ununterbrochener Kette, dort in langen Pausen und Zwischenräumen, — aber es kommt! Sie selber, das Lasterweib Delilah, die den gewaltigen Schimschon mit ihren Reizen hatte gefesselt, die er sich genommen, weil sein Herz seinen Augen nachging, sie ist es, die in ihren sündigen Umarmungen mit Lug und List, gewonnen von seinen Feinden, ihn verräth; die ihm das Leben zum Tode verbittert und ihn seiner Gotteskraft beraubt, verrätherisch ausliefert und verhaucht [2]. Die verführerische Delilah lebt noch, die sündige Lust mit ihren Reizen und Tücken ist nicht untergegangen, nicht geschwächt, und sie hat seit Schimschon noch Viele gefangen und umstrickt, die ihres Daseins müde, ihrer Kraft beraubt, das heilige gottgeweihte Haupt des schönsten Schmuckes, seiner göttlichen Weihe, entkleidet, augenlos und des Lichts beraubt, gleich jenem Schimschon, aus dem sündigen Leben sind gegangen.

Da habt ihr ein altes Gesetz zu neuer Beherzigung, ein längst ungültiges Gebot, das in viel höherem und allgemeinerem Sinne, als es ursprünglich gegeben wurde, noch gilt, — noch gilt, weil es aus den Tiefen der Wahrheit und Erkenntniß ist geschöpfet!

---

[1] 5. Mos. 21, 18. — [2] Richt. 16, 4 ff.

Bedenkt und beherzigt es wohl! Betet, wie wir täglich beten, stündlich beten sollten: O Gott, lasse deine Lehre uns stets gegenwärtig sein, uns deinen Geboten treu anhangen, und halte fern von uns jede Versuchung und jede Verunehrung unser selbst und lasse die Sünde keine Gewalt über uns haben [1]), auf daß wir dir nachwandeln, heilig werden und uns weihen dir und deinem Dienste! — Amen! Amen!

---

[1]) Berachot 60b und hiernach im täglichen Morgengebete.

XLIX.

Die Lehre vom Gebrauche unserer Güter.

פרשת תבא.

Meine andächtigen Zuhörer!

Noch einmal, bevor das Jahr von uns scheidet, ist es mir vergönnt, zu euch zu reden und an die Lehre des göttlichen Wortes, das
uns hier verkündet worden, unsere Betrachtung anzuknüpfen. Es
nahen die heiligen ernsten Tage der Feier, die einen eigenthümlichen
Kreis von Gedanken und Empfindungen mit sich bringen und für
die Bedürfnisse, auf welche sie unser inneres Leben hindrängen, auch
ihre eigenthümliche Befriedigung und ihren besondern Ausdruck fordern [1]). Sehen wir darnach unser heutiges Beisammensein an heiliger Stätte als den Schluß unserer diesjährigen gottesdienstlichen Betrachtungen an, die wir erst nach Ablauf des Festes nach der Aufeinanderfolge der Wochenabschnitte wieder aufnehmen können, und sehen
wir einen Augenblick auf Dasjenige zurück, was wir im Allgemeinen
durch unsere sabbatlichen Belehrungen haben erreichen wollen! Eine
solche Rechenschaft über Das, was als Ziel und Augenmerk vorgeschwebt,
geziemt wohl einem jeglichen denkenden Menschen vor irgend einem
bedeutenden Lebensabschnitte, geziemt vor Allem Denen, welche die
erhebende, aber auch verantwortungsvolle Aufgabe übernommen, auf
das Edelste im Menschen einzuwirken, den Geist zu erhellen und das
innere Leben zu kräftigen und zu verjüngen; die berufen sind, dem
lauten Toben des Weltlebens gegenüber den leisen Stimmen des Gött-

---

[1]) Diese und die beiden hiernächst folgenden Predigten waren — in drei verschiedenen Jahren — die letzten Sabbatpredigten vor Eintritt des Neujahrsfestes,
daher die gleiche Beziehung hierauf in allen sich wiederholt.

tenbes zu finden. Nehmen wir die zeitlichen Schranken und Grenzen
fort, erweitern wir den Kreis, innerhalb dessen ursprünglich das Gebot war eingeschlossen, — und es gilt und besteht auch für uns, erweckt unser Nachdenken, erhebt unser Gemüth, lenket unser Gefühl auf
Gott und uns selbst. הרחיבי מקום אהלך ויריעות משכנותיך יטו אל תחשכי
האריכי מיתריך ויתדתיך חזקי „Breite nur aus die Stätte deines Zeltes,
spanne die Teppiche deiner Wohnungen weiter, verenge sie nicht, ver-
längere die Seile der Umhänge und schlag' ihre Pflöcke fester und
tiefer ein"[1])! Noch heute und eben heute, wo mit dem anscheinend
erwachenden Bedürfnisse nach religiöser Erkenntniß einerseits andererseits ein träges willenloses Weltwesen im Kampfe liegt, können wir
— so wir es redlich meinen und Gott mit unserem Beginnen ist —
in den altergrauen Lehren und Weisungen, Verordnungen und Satzungen Richtschnur und Belehrung finden für die Gegenwart zu
einem frommen gottseligen Leben, zu einer würdigen Ansicht von
uns und unserem Berufe, zu einem richtigen Verständniß jeglicher
Lage.

Wohl möchten uns die Feinde der Lehre überreden, daß es nur
ein Spiel, ein glücklicher Fund des schaffenden Geistes sei, wenn es
uns gelingt, den rechten Punkt für die Auffassung und Würdigung
der göttlichen Lehre zu entdecken; wohl möchten uns die Lüstlinge und
die Trägen überreden, daß ihre Weise und Gewohnheit, ihr entner-
vendes und gedankenloses Treiben die rechte Ansicht vom Leben ent-
halte, während die mannhafte Entsagung, die ernste tüchtige heilige
Gesinnung, die der Dienst Gottes und die Lehre Israels fordern,
abgelebt und nicht mehr an der Zeit sei; wohl möchten die Schwäch-
linge und Feiglinge der Gegenwart, die mit dem Scheine der Bildung
um so bereitwilliger prahlen, als ihnen deren Kern und Wesen verschlossen ist, uns glauben machen, daß was ihnen in Unwissenheit und
gedankenloser Gewohnheit aus unverstandenen Redensarten und oberflächlichen Sätzen zusammengeflossen, was sie bei dem Mangel an
Höhe des Sinnes und Tiefe des Geistes sich gewöhnt haben zu denken und zu meinen und zu empfinden — daß das ein wunderherrlicher
Bau sei, aufgeführt auf festem Grund, getragen von riesigen Säulen,
überwölbt von mächtiger Kuppel. Grollen wir ihnen nicht und strei-
ten wir nicht mit ihnen! Ueberlassen wir sie dem Gerichte, das ein
edlerer Sinn und ein besserer Geist über sie hält; überlassen wir sie

---

[1]) Jes. 54, 2.

ihrem kindiſchen Dünkel, der ſo lange ſich behauptet, als ſie im Schatten
ihres Obdaches behaglich und gemächlich ſich an ihrer Weisheit wär=
men können! Ein kräftiger Hauch — und das leichte Kinderſpiel fällt
zuſammen. Mögen ſie's verſuchen, in ihrer leicht gezimmerten Barke
die mächtige Lebensfluth zu durchſchiffen, wenn in Stürmen das Got=
tesgericht ſie umtobt, wenn der gewaltige Wellenſchlag ſie hin und
her ſchleudert, wenn empört und entfeſſelt die gewaltige Fluth des Lei=
des daherbrauſt! Wir aber halten treu und feſt an dem Wort des
Herrn, des Gottes Israels, und an dem Glauben an ihn, der uns
durch Stürme und Wetter hindurchträgt und ans Ziel geleitet, an die
erſehnte Küſte, wo der lichte Himmel der Wahrheit und das ewig
grüne Eden der Gotteserkenntniß glänzet!

Gehen wir nach dieſen Vorbemerkungen auf die beiden Gebote
über, die wir am Eingange der heutigen Paraſchah leſen. Sie be=
treffen die Erſtlingsfrüchte (בכורים) und die verſchiedenen Zehnten
(מעשרות), welche in Israel ehemals zu entrichten waren. Die Anord=
nungen ſelbſt hängen mit dem ehemaligen Tempeldienſte und dem Leben
unſerer Väter in Paläſtina zuſammen und ſind, da ſie an den Beſitz
des Landes und den Beſtand des Heiligthums geknüpft ſind, für uns
aufgehoben. Das Heiligthum als der gemeinſame Mittelpunkt iſt
nicht mehr, die geſetzlichen Abgaben haben aufgehört, und ſo gehören
dieſe Gebote der Vergangenheit an. — Ob auch der Geiſt der ur=
ſprünglichen Einſetzung ſei erloſchen? ob auch Das, was ſie zu ihrer
Zeit wirken und lehren ſollten, ſei ein Verſchollenes? Oder ob ſie, die
zeitlichen und zufälligen Bedingungen und Formen abgerechnet, nicht
noch für uns dieſe Bedeutung und Geltung haben, uns lehren und
einprägen können, was ſie damals ſollten? — Dieſe Fragen ſoll un=
ſere Betrachtung beantworten und, ſo Gott hilft, bejahend beant=
worten.

Es lauten die beiden Gebote alſo:

5. Moſ. 26, 1—15.

והיה כי תבא אל הארץ אשר ה׳ אלהיך נתן לך נחלה וירשתה
וישבת בה: ולקחת מראשית כל פרי האדמה אשר תביא מארצך אשר
ה׳ אלהיך נתן לך ושמת בטנא והלכת אל המקום אשר יבחר ה׳ אלהיך
לשכן שמו שם: ובאת אל הכהן אשר יהיה בימים ההם ואמרת אליו

und Menschenwohl habt hingegeben, das verzeichnet obenan in euren Büchern, da wo ihr Gewinn und Ueberschuß eintraget!

Ob es nun unter uns der Mahnung bedürfe; ob echte wahrhafte Bruderliebe in Israel noch herrsche wie sonst; ob das Wohlthun, wie es unter uns geübt wird, nicht eigentlich nur eine gelegentliche Nebensache sei, die um des Anstandes willen geschieht, statt — wie es sein sollte — als eine unerläßliche heilige Aufgabe zu gelten; ob nicht die überwiegend materielle Richtung des Sinnes auch hier die edleren Gefühle und zarteren Regungen erdrückt und erstickt — mag ich hier nicht untersuchen und entscheiden. Ob ferner so viel geschieht als geschehen könnte und sollte; ob unsere Wohlthätigkeit im richtigen Verhältnisse stehe zu unseren anderweitigen Ausgaben für Eitelkeit und Ueppigkeit, für Genuß und Zerstreuung; ob es nicht überall ausreiche und zu Allem hinlange, nur nicht gerade zu solchem heiligen Werke — darüber will ich jetzt nicht richten und absprechen. Ich will es eurem eigenen Gewissen überlassen-, darüber mit euch ins Gericht zu gehen, euch streng zu prüfen und selbst zu sehen, wo und woran ihr hinter euren Mitteln und hinter eurer Aufgabe zurückbleibt. כל דבר המסור ללב נאמר בו ויראת מאלהיך „Was dem Herzen als Obliegen= heit überlassen werden muß, dessen Anordnung begleitet die Schrift mit den Worten: Und fürchte dich vor deinem Gotte"[1])! Sehet selber zu, wie ihr euer Verhalten in Sachen der Wohlthätigkeit vor Gott und eurem Herzen rechtfertiget!

Aber die Mahnung möchte ich nicht unterdrücken, daß was ihr auch thun, wo und wie und wann ihr immer helfen möget, es Nichts weiter ist denn die Befolgung eines göttlichen Gebotes, das aus einer richtigen Ansicht von unserem Besitze von selber folgt, und daß das schlichte einfache Wort der Schrift, richtig verstanden und treu ange= wandt, die kräftigste Lehre und Anweisung enthält zur Milde und Hingebung, sowie endlich daß das Gebot der Liebe, das man jetzt so häufig im Munde führt, wo das Herz voll ist des niedrigen Hasses, daß die Humanität, von der jetzt so viel geredet wird, und doch noch nicht so viel und so oft als gegen sie wird gesündiget, eine der Grundsäulen sei, auf welchen die Lehre Israels auferbaut ist, sie, von der man sagen kann: פיה פתחה בחכמה ותורת חסד על לשונה „daß ihr Mund Weisheit verkündet und das Gebot der Liebe ist auf ihrer Zunge"[2]).

---

[1]) Bab. mez. 58 b. — [2]) Spr. 31, 26.

II.

Das Zweite in dem Bekenntniſſe iſt: לא אכלתי באני ממנו „Ich habe nicht in meiner Trauer davon gegeſſen". —

Es iſt ein bedeutſamer Zug in der ganzen Anordnung, daß der ſogenannte zweite Zehent (מעשר שני) von dem Eigner ſelbſt genoſſen werden ſollte innerhalb der heiligen Stadt. Wem Gott Ueberfluß geſpendet hat, der ſoll ihn nicht zu müßiger Augenluſt zuſammenhäufen; er ſoll den Segen des Lebens genießen lernen; er ſoll es lernen, an ſeiner Habe ſich freuen und vor Gott ſich freuen! Denn ein befriedigtes Herz und ein freudiger Sinn ſind dem Herrn wohlgefällig.

Wie Wenige aber giebt es, die ihres Gutes ſich freuen! Nagt nicht die unabläſſige Qual, es könnte ein Tröpflein verloren gehen aus dem Strome, wie ein Geier an ihrem Herzen? So gehen ſie hin, unmuthig und freudelos bei aller Fülle, bei allem Reichthum, dürftend mitten in der Fluth, — arme Bettler in der Mitte des Glückes. Schon der alte Kohelet bemerkt: כי לאדם שטוב לפניו נתן חכמה ודעת ושמחה ולחוטא נתן ענין לאסף ולכנוס לתת לטוב לפני האלהים „Demjenigen, der wohlgefällig iſt vor Gott, dem giebt Er Weisheit und Einſicht, das Leben verſtehen und würdig geſtalten zu lernen, und dazu die Freude in der Fähigkeit genießen und benutzen zu können. Dem Sünder aber gab Er den leidigen Drang, zu ſammeln und zuſammenzuſcharren; aber Der ſpart dann wieder für Einen, der Gott gefällt" [1]). — So verkehren ſie ſich den Segen in Fluch, und es wird die Gnade des Herrn für ſie eine Geißel und Zuchtruthe durch ihres Sinnes Verkehrtheit und ihres Herzens Enge. לא „אכלתי באני ממנו דא אם אכלו באנינה אינו יכול להתודות nicht in Trauer und Trübſal, nicht in Unzufriedenheit und Ungenügſamkeit davon gegeſſen — lautet das Bekenntniß hinſichtlich der Zehnten. Wer alſo bei aller Fülle doch in Mißmuth und Verſtimmung ſeine Tage tödtet, der darf dies Bekenntniß nicht ablegen" [2]). — Dies Bekenntniß ſollen wir aber ablegen können zu jeglicher Stunde, wenn nicht am Ende unſeres Tagewerks das Gefühl verlorener Mühe, eitlen Strebens, unnützen Schaffens uns den Austritt aus dieſem und den Eintritt in ein höheres Daſein vergällen ſoll.

שאין השכינה שורה לא מתוך עצבות ולא מתוך עצלות ולא מתוך שחוק ולא מתוך קלות ראש ולא מתוך שיחה ולא מתוך דברים בטלים

---

[1]) Pred. 2, 26. — [2]) Miſchn. Maaſ. ſcheni 5, 12.

seine Brust wird sich erweitern zum Gebete für seine Brüder: הַשְׁקִיפָה
מִמְעוֹן קָדְשְׁךָ מִן הַשָּׁמַיִם וּבָרֵךְ אֶת עַמְּךָ אֶת יִשְׂרָאֵל עָשִׂינוּ מַה שֶׁגָּזַרְתָּ
עָלֵינוּ אַף אַתָּה עֲשֵׂה מַה שֶׁהִבְטַחְתָּנוּ „O schaue herab aus deiner heiligen Wohnung, aus dem Himmel, und segne Israel, dein Volk! Wir
haben gethan, was du uns geboten; so thue du an uns, wie du uns
verheißen, uns zu schirmen und zu segnen!"[1])

Und so flehen auch wir zu dir: Schaue herab aus deiner heiligen Wohnung und segne dein Volk Israel! Spende ihm aus deinem
offenen Schatze von den Gütern, die du deinen Frommen aufgespart
hast! Lehre uns aber auch jene nützen und verwenden zu unserem
Heile, zum Frommen unserer Brüder, zur Ehre deines Namens!
Und wem du deinen Segen hast gegönnt, dem gieb auch ein Herz
zu erkennen und ein Auge zu sehen, daß dich Alle verherrlichen und
dir in dankbarer Seele sich weihen, daß sie im Genusse der Gaben,
die du ihnen verliehen, nicht dich vergessen und verleugnen und dir
abtrünnig werden! Ein dankbares Herz, ein befriedigtes Gemüth,
einen heiligen Sinn verleihe uns Allen, o Herr! daß wir freudig und
willig dir dienen. Heilige uns durch dein Gebot, laß deine Lehre unsern Antheil sein, sättige uns an deinem Gute, erfreue uns an deinem
Heil und reinige unser Herz für deinen Dienst! Amen!

---

[1]) Mischn. Maas. scheni 5, 13.

L

Ein Blick ins Leben mahnt zur Rückkehr zu Gott.

פרשת נצבים.

---

5. Mof. 30, 1—6.

והיה כי יבאו עליך כל הדברים האלה הברכה והקללה אשר נתתי
לפניך והשבת אל לבבך בכל הגוים אשר הדיחך ה׳ אלהיך שמה:
ושבת עד ה׳ אלהיך ושמעת בקלו ככל אשר אנכי מצוך היום אתה ובניך
בכל לבבך ובכל נפשך: ושב ה׳ אלהיך את שבותך ורחמך ושב וקבצך
מכל העמים אשר הפיצך ה׳ אלהיך שמה: אם יהיה נדחך בקצה השמים
משם יקבצך ה׳ אלהיך ומשם יקחך: והביאך ה׳ אלהיך אל הארץ אשר
ירשו אבתיך וירשתה והיטבך והרבך מאבתיך: ומל ה׳ אלהיך את לבבך
ואת לבב זרעך לאהבה את ה׳ אלהיך בכל לבבך ובכל נפשך למען
חייך:

„Und es wird geschehen, wenn über dich kommen all diese Dinge,
der Segen und der Fluch, die ich dir vorgelegt, und du nimmst es
dir zu Herzen unter all den Völkern, wohin der Ewige dein Gott
dich verstoßen, daß du zurückkehrest zu dem Ewigen deinem Gotte
und seiner Stimme gehorchest ganz so wie ich dir heute gebiete, du
und deine Kinder, mit deinem ganzen Herzen und mit deiner ganzen
Seele: so wird der Ewige dein Gott zurückführen deine Gefangenen und sich dein erbarmen und dich wieder sammeln aus all den
Völkern, dahin der Ewige dein Gott dich zerstreut hat. Wenn deine
Verstoßenen sein werden am Ende des Himmels, so wird von dort
her der Ewige dein Gott dich sammeln und von dort her dich holen.
Und der Ewige dein Gott wird dich bringen in das Land, das deine
Väter besessen, und du wirst es besitzen, und er wird dir wohlthun

und dich vermehren mehr als deine Väter. Und der Ewige dein Gott
wird öffnen dein Herz und das Herz deines Samens, zu lieben den
Ewigen deinen Gott mit deinem ganzen Herzen und mit deiner gan=
zen Seele, auf daß du lebest."

Den ernsten Inhalt dieser so einfachen, aber inhaltschweren Rede
möchte ich euch, meine Andächtigen! am heutigen Sabbat zur tiefen
Beherzigung, zu aufrichtiger Prüfung, zu treuer gewissenhafter Auf=
bewahrung in euren Seelen übergeben. Vor dem denkenden ernsten
Sinne bedarf sie kaum einer Erläuterung und Ausführung. Sie spricht
sich selber aus; jede Deutung ist eine überflüssige, jede weitere Ausfüh=
rung unnöthig. Was der Mensch im Leben soll, was ihm den Werth,
seinem Leben den Gehalt und die Bedeutung giebt, — was ist es
Anderes, als daß er denkend, schauend das Gewühl des Endlichen
um sich her erfasse? daß er wie ein Wächter auf der Warte stehe
und Alles, was in ihm und um ihn vorgeht und sich regt, als Stoff
seiner Betrachtung, als Nahrung für sein Denken, als Sporn und
Stachel für seine sittliche Kraft verwende?
על משמרתי אעמדה ואתיצבה על מצור ואצפה לראות מה ידבר
בי ומה אשיב על תוכחתי „Auf meiner Warte will ich stehen, auf
meinen Wachtthurm mich stellen, um zu sehen, was Gott zu mir
reden wird und was ich verwenden soll zu meiner Ermahnung und
zu meiner Belehrung" [1]). Das ist der eigentliche Weg, der zum Leben,
die rechte Weise, die zur Erfüllung unserer Aufgabe als sittlich freie
Wesen führt. Nur der denkende Mensch lebt; nur ein mit Bewußt=
sein und gedankenvollem Ernste geführtes Dasein ist Leben. Ein
offener Blick in die Tiefen des Herzens, ein offener Blick in den
Wechsel und Wandel der irdischen Dinge, ein horchendes Ohr für
die mahnenden Stimmen, die in uns reden, ein offenes Ohr für die
Lehren, die ununterbrochen aus den Begebenheiten der Welt und deren
Geschicken hervorgehen, die Einsicht in Das, was in unserer Nähe
sich begiebt, das Verständniß für Das, was wir selbst erfahren in
Leid und Freud', — das sind die Quellen, aus denen die Klarheit
der Erkenntniß, des Geistes Helle, des Gemüthes Sicherheit, die un=
erschütterliche Festigkeit des Sinnes uns strömt. Wie wir die un=
endliche Fülle, die in den Reichen der Schöpfung vor uns ausgebreitet
ist, die Pracht und Herrlichkeit der Natur in ihrem Blühen und

---

[1]) Chab. 2, 1.

Werden, des Himmels und seiner Heere Schönheit und Gleichmaß als Augenweide in uns aufnehmen; wie wir immer und unablässig von Gegenständen umringt sind, die dem äußern Sinne Anregung bieten; wie wir uns leer und unbefriedigt fühlen, wo Nichts dem suchenden Blicke entgegenkommt als eine kahle Steppe, eine leere Oede: so bedarf auch das innere Auge, das Auge der Seele, der Gegenstände, auf denen es weile, da die Seele, um in ihrer eigensten Art zu wirken, der Anregung und Beschäftigung nicht entbehren kann; so bedarf das innere Ohr der Stimmen, denen es horche, — und Beides ist uns gegeben, dargeboten und in unsere Nähe gebracht. Wir sind uns selbst der nächste und reichste Gegenstand zur Belehrung und Erkenntniß; wir sind uns selbst der nimmer endende Stoff zur Betrachtung, wenn wir wollen, — wenn wir wollen, wie und was wir sollen. Denn so nahe liegend diese Betrachtung ist, so halten sie die Meisten sich fern. So zugestanden von Allen, von jeglicher Seite die Wahrheit ist, daß der Mensch auf Erden nichts Dringenderes und nichts Lohnenderes thun kann, als sich nach allen Seiten hin zu erkennen, zu entwickeln und auszubilden, einen immer tiefern Blick in sein Inneres und in das Leben, das ihn umgiebt, zu werfen: so wenig wird sie durch die That bewährt. Gearbeitet wird unablässig; aber wir arbeiten nicht an uns. Gelernt wird in unserer Zeit allerlei und Vieles: sich selbst will Keiner kennen lernen, sich selbst zum Gegenstande seines Wissens und Forschens macht Keiner. Und wenn sie schamroth dastehen bei dem Bekenntniß, daß ihnen irgend eine Sprache, irgend ein Wissen, das an den Gebildeten vorausgesetzt wird, unbekannt oder nur nicht geläufig sei: deß schämt sich Keiner, daß er sich selber in dem ganzen langen Jahre nicht einen Moment vergönnt, in dem er sich eine Frage vorlegen, in dem er ein Wort der Zwiesprache mit sich selber pflegen, in dem er sich einen Blick gönnen und die Züge an dem Bilde seines innern Menschen betrachten könnte. — Wollet ihr solche Gedankenlosigkeit Leben nennen, solche Gleichgültigkeit gegen euch als die Erfüllung eurer Sendung ansehen? Wie wollet ihr bei solcher Gleichgültigkeit hoffen, daß des Innern Kraft sich erhöhe, die Macht des Unsterblichen in uns sich steigere, der Kreis unserer Betrachtung sich erweitere? Wie ist bei solcher Gedankenlosigkeit eine Erkenntniß Gottes möglich, ein Leben vor ihm, ihm wohlgefällig, eine Arbeit, durch die wir seinem Willen zu genügen hoffen dürfen? —

27*

I.

והיה כי יבא עליך כל הדברים האלה הברכה והקללה אשר נתתי
לפניך „Und es wird geschehen, wenn über dich kommen
werden alle diese Dinge, der Segen und der Fluch, die
ich dir vorgelegt . . . . . ." —

Wollet ihr nun die erste Bedingung erfüllen, die zu einer Erkenntniß unser selber, zu einer Erkenntniß Gottes führt? — Sie ist
in diesen Worten ausgesprochen und niedergelegt.

Den Segen und den Fluch, die freudigen und die traurigen Geschicke des Lebens, Freud' und Leid, wo uns ist gegeben, wo uns ist
genommen worden, wo wir erhöht und wo wir niedergebeugt worden,
wo uns des Herzens Wünsche erfüllt oder die lang gehegten Hoff-
nungen zu Grabe gegangen sind, wo uns ein drohendes Unglück abgewehrt und wo ein ungeahntes über uns hereingebrochen, wo lachende
Aussichten sich uns plötzlich aufgethan und wo ein nahe geglaubtes
Ziel plötzlich ist entrückt worden — das Alles, den Segen und den
Fluch, des Lebens bunte wandelnde Gestalten und Bilder, das nehmet
zu Herzen! והשבת אל לבבך „Führ' es dir zu Gemüthe, nimm es
dir ins Herz"; das sammle in die Scheuer deines innern Lebens,
deines Denkens und Fühlens, deß erinnere dich! Was du als ein
Aeußeres hast erlebt, das mache zum Eigenthum deines Innern! —
Wer das thut, der lebt, der ist auf dem Wege zu sich selber, auf
dem Wege zu seinem Gotte. Ohne eine solche treue und gewissenhafte
Aufbewahrung Dessen, was uns begegnet ist, gedeiht kein inneres
Leben; ohne ein sorgsames Achten auf Das, was uns geschehen, und
die Erinnerung an das Erlebte, geht das Dasein spurlos an uns
vorüber. —

Und wann wäre diese Mahnung wohl bringender und nöthiger
als im Angesichte der ernsten Tage der Feier, die uns unter dem
Segen Gottes nahen? Wann sollte ich dieses Eingehen in uns selber, dies stille Verweilen in den Tiefen der eigenen Brust euch wärmer empfehlen als heute, da es mir wohl zum letzten Male vor dem
Abschlusse des Jahres gegönnt sein wird, hier zu euch zu reden?
Womit könnten wir würdiger und fruchtbarer den Kreis unserer Betrachtungen über das Gotteswort, die Belehrungen über seinen Inhalt und den Geist, der darin wohnt, die Verständigung über unsere
höheren Pflichten schließen, als mit der Mahnung an uns selbst, mit

der Betrachtung unser selbst, mit dem ernst eingehenden, tief forschenden Blicke in eine bald abscheidende Vergangenheit? —

Das einfachste Stillleben, der gleichmäßig verlaufende Strom eines abgemessenen ruhigen Daseins ist nicht minder reich an Ereignissen und Erfahrungen, als der vielbewegte, stürmisch aufgeregte Erdengang der Großen und Gewaltigen. Ob wir im größern Kreise schalten und walten, oder in eng gezogenen Bezirken des häuslichen Verkehrs ohne Einfluß und Wirksamkeit auf das größere Ganze; ob uns ein großes reiches Lebensgebiet zum Antheil zugefallen oder ein dürrer Boden, der nur spärlich und karg das tägliche Brod uns trägt: es hat ein jeder Beruf seinen Ertrag und sein Ergebniß für den sinnenden denkenden Menschen. Etwas gelernt, Etwas erfahren hat ein Jeder, soll Jeder haben, — gelernt von der Vergangenheit für die Zukunft, erfahren für sein ganzes Leben. Wie ihr nun bei eurem Thun und Schaffen vor Allem auf Ergebniß und Ertrag sehet; wie ihr euch von Zeit zu Zeit die Einsicht und den Ueberblick verschafft über den Stand eurer Habe, über den Gewinn und Verlust, über das Mehr und Minder eures Besitzes: so verlangt es die Gotteslehre von euch in Bezug auf euer inneres Sein und Thun. Es bedarf nicht erst der außerordentlichen Ereignisse, nicht ungewöhnlicher Fügungen und Schickungen, um uns von der Oberfläche der Dinge in die Tiefen unseres Innern hineinzuführen. Das gewöhnliche alltägliche Leben bietet sehr reiche und mannigfaltige Belehrung; es ist eine Schule, in der wir des Wahren und Nützlichen gar sehr viel erfahren können, so wir nur als gelehrige Schüler darin verweilen.

Aber dieser Wille fehlt uns, das Bedürfniß nach einer tiefen gehaltvollen Einsicht in uns, nach einer höhern Ansicht vom Leben ist uns mehr und mehr fremd geworden. Es geht Jahr um Jahr an uns vorüber; wir bleiben Dieselbigen, unerweckt, ungemahnt, ungelehrt, ungetröstet, unverändert Dieselben. Ich möchte wohl eine Antwort auf die Frage hören, ob ein Irrthum, den Einer von uns vor einem Jahre gehegt, ein Vorurtheil, das ihn früher beherrscht, ihm durch eigenes Nachdenken oder durch das Wort der Lehre sei benommen worden; ob eine Schwäche, an der er gekrankt, in ihm sei beseitigt, von dem vielen Verkehrten und Thörichten, das uns erst arglos und unmerklich beschleicht, dann tiefere Wurzeln schlägt, auch nur Eines sei entfernt worden. Noch immer gilt das Wort Moscheh's an seine Zeitgenossen: ולא נתן ה' י׳

„לכם לב לדעת ועינים לראות ואזנים לשמע עד היום הזה „Der Ewige
hat euch nicht verliehen ein Herz zum Erkennen und Augen zum
Sehen und Ohren zum Hören bis auf diesen Tag"[1]); noch heute
haben wir kein Herz zur Erkenntniß und kein Auge zu sehen und
kein Ohr zu hören. —

Erlaubt es mir, meine Freunde, als eine Probe, die ich mit
euch anstelle, die eine und die andere Frage zu thun! Die Antwort
brauche ich nicht zu hören. Ihr habt sie euch, eurem Gewissen,
eurem Gotte zu geben. הנסתרת לה׳ אלהינו Das sind „die geheimen
verborgenen Dinge, die Gott gehören"[2]). Es sind nur die äußersten
Endpunkte, die ich berühre, als ein Vorbild, wie ich möchte, daß
ihr mit euch selbst zu Rathe gehet.

Hat der Segen Gottes nicht Manchen, Viele unter uns im abgelaufenen Jahre beglückt? Hat ihre Habe sich nicht gemehrt, ihr Besitz
vergrößert? Hat der Herr nicht um sie einen Zaun gemacht und sie
geschirmt, als da und dort die Säulen wankten und die Häuser
stürzten? — Ich frage nun nicht, ob sie es verdient; nicht, ob sie
sich selbst gefragt, wie sie es verdient haben; nicht, ob sie seitdem
durch inniges Festhalten an Ihm, durch treue gläubige Anhänglichkeit
an sein Wort sich seiner Gnade würdig zu machen gestrebt: — „das
Verborgene ist des Ewigen, unseres Gottes". Aber nach dem „Offenbaren und uns Menschenkindern Zugänglichen" (והנגלת לנו ולבנינו[3]
frage ich; ich frage, ob sie durch irgend ein Werk frommen Sinnes,
milder Menschenfreundlichkeit, durch die uneigennützige Förderung
eines höhern Zweckes sich einen Anspruch auf die Dankbarkeit und
Liebe ihrer leidenden Brüder, ihrer Gemeinde erworben. — Ich
weiß es nicht, ich frage nur. Ich frage, ob sie, wenn sonst das
Elend nur nach langem, oft wiederholtem Anpochen an ihr Herz und
ihr Ohr Zutritt und eine karge, mit verschlossenem Gemüth gereichte
Gabe fand, ob sie jetzt, gesegneter, beglückter — auch in demselben
Maße milder, sanfter, leutseliger, dem Schmerzensrufe zugänglicher
geworden.

Ich frage weiter. Es sind in dem langen Jahre herbe trübe
Verhängnisse, schwere Prüfungen, harte Mahnungen Gottes an Einzelne unter uns ergangen. Manches hoffnungsreich blühende Leben
ward gemähet, und frühe Gräber decken theure, mit den innigsten

---

[1]) 5. Mof. 29, 3. — [2]) Daf. 29, 28. — [3]) Daf.

Herzenswünschen verwachsene Güter. Es weilt mit schwerer Betrüb-
niß das fühlende Gemüth an solchen Brandstätten, wo Glück und
Frieden und Seligkeit und Heiterkeit des Daseins ist eingesargt worden. Ist ein solcher Blitz aus heiterer Höhe als eine Mahnung, als
eine Prüfung, als eine Stimme Gottes, der bald im Donner redet,
bald im milden Säuseln des Frühlings flüstert, — gehört, beherzigt
worden? — Wen Gott durch solche Schläge beugt, den will er erhöhen, aus den Tiefen des Schmerzes geläutert hervorgehen, die Höhen eines heiligen gottvollen Lebens ersteigen sehen. Das sind Erinnerungen an die Eingeschlafenen, daß sie erwachen. אם רואה אדם
שיםורין באין עליו יפשפש במעשיו „So das Leiden über den Menschen hereinbricht, soll er seine Werke und seinen Wandel prüfen" [1]).
Solche tief in das Herz einschneidende Wunden sind zugleich Furchen,
in den harten Boden der Seele gezogen, in die du Saaten des Heils
hineinstreuen magst, daß sie zu gottgefälliger, dir selbst erfreulicher
Frucht reifen.

   Sind der Gläubigen, Gottergebenen mehr geworden unter uns
und der Ungläubigen weniger? Ist an die Stelle des Götzendienstes,
der den Weltengütern und Erdenfreuden und vergänglichen Besitzthü-
mern und Reizen sich zugewendet, der Dienst des Ewigen und Heiligen getreten? Ist an die Stelle der alten Leichtfertigkeit, der Miß-
achtung und Verhöhnung des Göttlichen und Unvergänglichen, der
Grundsäulen und Grundpfeiler unseres Glaubens, — heilige Scheu,
frommer Ernst, tiefe Verehrung getreten? Hat die verkündete Wahrheit sich Herzen gewonnen, Jünger geschaffen? Ist dem Strome des
Geistes und Gemüthes, wo er versandet war, ein neues tiefes Bett
gegraben worden, dadurch er frei und ungehemmt dahinfließt? Ist
von der vielen Zeit, die ein Jeglicher für seinen Leib und seines
Leibes Bedarf, für seine Freuden und seine Arbeiten um den Tag
und das Zeitliche bestimmt hatte, eine kleine Spanne dem Geiste, dem
Herzen, dem Ewigen, dem Gotte des Lebens geweiht worden? Ist
die Pflege des religiösen Sinnes und Ernstes in Häuser eingekehrt,
aus denen Thorheit und Verblendung, verderbliche Eitelkeit, unwürdige Umgebung und schädliche Einflüsterungen leerer, aller höheren
und tieferen Bedürfnisse abgewandter Gemüther ihn hatten verbannt? —

---

[1]) Berach. 5a.

Glaubet mir, meine Freunde! Wie ich euch frage nach Dem, was geschehen oder nicht geschehen, so frage ich mich selber, ob ich an meinem Theile redlich dazu mitgewirkt. Indem ich euch frage, um euch zu lehren, wie ihr euch fragen sollt, halte ich mit mir selber Rechenschaft. Möge Gott mit uns beiderseits nicht strenge richten und mir zu dem Wollen, das ich mir zusprechen darf, das Können, euch aber zu dem Können das Wollen verleihen! —

II.

„Wenn über dich kommen werden alle die Dinge, der Segen und der Fluch, die ich dir vorgelegt, והשבת אל לבבך בכל הגוים אשר הדיחך ה' אלהיך שמה: ושבת עד ה' אלהיך ושמעת בקלו ככל אשר אנכי מצוך היום אתה ובניך בכל לבבך ובכל נפשך und du nimmst es dir zu Herzen unter all den Völkern, wohin der Ewige dein Gott dich verstoßen; daß du zurückkehrest zu dem Ewigen deinem Gotte und seiner Stimme gehorchest ganz so wie ich dir heute gebiete, du und deine Kinder, mit deinem ganzen Herzen und mit deiner ganzen Seele...." —

Wenn er kommt, der Segen oder der Fluch, und du ihn dir zu Herzen nimmst und du zurückkehrest zu deinem Gotte und seiner Stimme gehorchest! Eines also ist unausweichlich mit dem Andern verknüpft. Wer das Leben und dessen Schickungen, dessen Segen und dessen Fluch, wie ihm Beides widerfahren ist, mit denkendem Geiste betrachtet; wer in der ganzen Menge und Mannigfaltigkeit Dessen, was ihm zu Theil geworden von Gutem und Bösem, Freudigem und Schmerzlichem Einen Faden sucht, der die getrennten vereinzelten Erscheinungen zusammen füge und reihe, der muß sich wiederum zu seinem Gotte wenden, mit unwiderstehlicher Gewalt auf ihn sich hingedrängt, mit mächtigem Zuge zu ihm sich hingezogen fühlen. Er wird der lichten Punkte, der hell beglänzten Stellen so viele gewahren, den leisen Fußtritt des Herrn so deutlich, so unleugbar wahrnehmen, daß er ihn nicht wird suchen müssen.

Das Leben der Weisen und der Thoren, wenn ihr die Summe der Erscheinungen betrachtet, die an Beiden vorübergehen, ist dasselbige; die Elemente, aus denen das äußere Leben Beider sich zusammensetzt, können ganz dieselben sein. Wie oft, daß wir in denselben Verhältnissen, unter denselben Umgebungen und Bedingungen des Daseins, in demselben Berufe, mit denselben Vortheilen ausgestattet, mit benselben Gütern gesegnet, ja mit benselben Anlagen versehen, die Weisen und die Thoren erblicken! Das Mehr oder Minder von Geistesgaben und Kenntnissen, die sind es nicht, die den Unterschied bilden. Aber der Eine hat sich gewöhnt, Alles im Zusammenhange zu betrachten, sich in Das, was geschieht, zu vertiefen, der Andere läßt Alles gleichgültig und gedankenlos an sich vorübergleiten. Wo dem Einen tiefe nachhaltige Spuren sich eingegraben, ist selbst die Oberfläche des Andern unberührt geblieben. Wo der Eine sinnend still gestanden, mit ernstem Blicke verweilt hat, hat des Andern Auge längst schon einen neuen Gegenstand erfaßt, um sogleich zu dem nächsten hinzuschweifen. Wo der Eine noch an dem reichen Ertrage früherer Eindrücke, gewonnener Einsicht und Erfahrung zehrt, ist der Andere, wenn ihm noch so Vieles begegnet, leer und unberührt geblieben. Gestattet mir das Gleichniß: Während der Eine dem kunstmäßig geschliffenen Glase gleicht, das die auffallenden Lichtstrahlen in einem Punkte sammelt und zu einem Lichtkerne einigt, von dem sie dann wiederum zündend ausstrahlen, ist der Andere eine gewöhnliche Glasfläche, auf die die Strahlen auffallen, ohne sich zu sammeln, ohne zu zünden — und selbst im Augenblicke, da sie die Fläche beleuchten, spurlos und wirkungslos. Wer einen solchen Brennpunkt im Innern sich gebildet und bewahrt, wer das Leben gesammelt in sich aufnimmt, der, meine Freunde, entfernt sich nicht von sich, entfernt sich nicht von seinem Gotte; der schaut überall bedeutsame Fingerzeige, lehrende Winke, inhaltsvolle Weisungen; der hat ein Herz zu erkennen, ein Auge zu sehen, ein Ohr zu hören. Von Jenem gilt das Wort des Weisen: והכסיל בחשך הולך „Der Thor wandelt in Finsterniß" [1]); von Diesem: וארח צדיקים כאור נגה הולך ואור עד נכון היום „Doch der Pfad der Frommen ist wie das Licht des Frühroths, das immer heller wird, bis zur Mittagsklarheit" [2]). Der wird immer schöner leuchten und glänzen, bis er, den Wolken und Nebeln der Erde entrückt, den lichten Tag des ewigen Gottesfriedens erreicht. Darum verlangt das Gotteswort von uns keine andere Bedingung zur Rückkehr zu unserem Gotte als daß wir Das, was uns begegnet, „zu Herzen nehmen", und verspricht uns als Folge davon die Wiederaussöhnung mit Ihm, von dem wir so leichtfertig, so kindisch, achtlos uns entfernt haben. Wir sollen nur das Herz aufthun und unser Leben überdenken und wir sind bei Ihm.

---

[1]) Pred. 2, 14. — [2]) Spr. 4, 18.

In der That, meine Theuren! bedarf es denn noch einer an=
dern Betrachtung als dieser, um unser eingeschlummertes besseres
Wollen und Können zu erwecken, zu freudigem Gehorsam gegen Gott
zu begeistern? Weß Zunge müßte nicht jauchzen von Dank und
wessen Lippe nicht jubeln in freudigem Lobe, so er all der Liebe und
Treue gedächte, die ihm sein Gott erwiesen? Und müßte er nicht
in tiefer Beschämung vor sich selber das Auge senken, wenn er sich
fragt: Wofür mir das? — wenn er sich fragt: Und wie habe ich
hingenommen Seine Gaben, wie Ihm meinen Dank bezeigt? — Das
Wort eines alten Weisen von der Verschiedenheit, wie des Lebens
Güter, die Gaben Gottes von den Menschen hingenommen werden,
das trifft auch uns, und es ist ein schmerzliches Geständniß, dessen
tadelnde Seite von uns gelten lassen zu müssen: אורח טוב מהו אומר
כמה טרחות טרח בעל הבית בשבילי ... וכל מה שטרח לא טרח אלא
בשבילי אבל אורח רע מהו אומר ... כל טורח שטרח בעל הבית זה
לא טרח אלא בשביל אשתו ובניו „Die Menschen sind den Wohltha=
ten Gottes gegenüber mit den Gästen an dem Tische eines freund=
lichen Wirthes zu vergleichen. Der gute Gast spricht: Wie viel Mühe
hat der Wirth sich unsertwegen gegeben; alles Mögliche hat er für
seine Gäste opferwillig besorgt. Doch der böse Gast spricht: Uns
hat Nichts gegolten; wir haben nur gefunden, was er für Weib und
Kind hat beschaffen wollen" [1]). — Und solcher undankbaren Gäste,
die an den reich besetzten Tisch des Herrn sich hinsetzen, von seinen
Gaben sich sättigen und ihm den Dank schuldig bleiben, solcher giebt
es ja so viele auf Erden. Wem das Wort des Gebetes ist fremd
geworden; wem aus dem Boden des verstockten vertrockneten Ge=
müthes keine Blüthe lebendigen Dankes mehr sich losringt; wer hier
an heiliger Stätte noch seinen Gott nicht findet; wer Dem, der ihm
die Arbeit segnet und das Brod giebt die sechs Tage der Woche hin=
durch, den Einen Tag der Ruhe nicht mehr weihen mag; wer aus
sündiger Habsucht oder Schwäche, aus Gleichgültigkeit oder Ohn=
macht den Verpflichtungen des Glaubens und der Lehre sich entziehet,
weil ihm hier ein Genuß und dort ein Vortheil entgehen könnte,
weil er sich schämt, weniger gedankenlos oder leichtfertig zu scheinen
als die Anderen um ihn her; wer aus Trägheit seine alten Gewohn=
heiten nicht lassen kann und mag, die ihm den lebendigen freien Sinn
für das Höhere und Heilige der Religion lähmen oder verbauen, —

[1]) Berach. 58a.

der ist ein „böser Gast", der von den Gaben des freigebigen Haus-
herrn zehrt und des Gebers vergißt.

„Daß du zurücklehrest zu dem Ewigen deinem Gotte
und seiner Stimme gehorchest ganz so wie ich dir heute
gebiete, du und deine Kinder". — Nur der innern Sammlung,
der ernsten Besinnung bedarf es, und wir sind bei Gott; nur das
Bewußtsein über unsere Leere und unsere Sündigkeit und Schwäche,
und wir sind schon bei ihm. So tief faßt die Gotteslehre die Würde
des Menschen, so hoch seinen eingebornen Trieb nach Unsterblichkeit,
daß sie eine erwachte Erkenntniß über uns und unser Geschick ohne
die Rückkehr zu Gott für unmöglich hält. So überzeugt ist sie von
dem Adel unserer sittlichen Natur, daß sie nur ein denkendes Eingehen auf uns selbst fordert, um unserer erneuten Liebe zu Gott und
seinem Gebote gewiß zu sein. Glaubt es nicht, meine Freunde!
glaubt es euch selber nicht, wenn bei den Mahnungen zur Rückkehr
zu Gott, wie sie jede Minute im Leben uns predigen sollte, wie sie
die nahende Festeszeit uns so dringend zuruft, Ausflüchte, Zweifel,
Bedenken in eurem Innern sich melden! So sündig und verderbt
Derjenige ist, der da meint, er bedürfe weder der Aussöhnung mit
seinem Gotte noch der Mahnung dazu, er sei mit ihm und bei ihm,
weil kein Laster, wie das Landesgesetz es brandmarkt, kein Makel, wie
er die Geltung in der bürgerlichen Gesellschaft untergräbt, an ihm
ist; so hochmüthig und unwürdig eine solche Vorstellung ist, weil sie
von dem Mangel alles gläubigen Ernstes und Sinnes zeugt; so verkehrt und thöricht die andere Weise ist, die mit den paar Stunden
im Gotteshause, die sie aus Gewohnheit und weil es so hergebracht
ist verweilt, das Werk der Rückkehr zu Gott abgethan zu haben
meint: so verkehrt und falsch ist die Besorgniß, das kleinliche Zagen
Derer, die, ihrer Schuld sich bewußt, an einer Ausgleichung mit Gott
verzweifeln.

Schlaget die ewigen Worte der Propheten auf und ihr werdet
überall die Stimme hören, die zur Rückkehr ruft, die die Sündigen
aus ihrem Schlummer wecket, die eingeschläferten Gewissen mit den
Donnern des Gottesgerichts aufregt, die entsunkene Kraft des Willens
und heiligen Strebens aus den Fesseln der Sünde, aus den Netzen
der Gewohnheit, aus den Banden der Thorheit frei macht und ihr zuruft:
„Auf, be־ לך התרפס ורהב רעיך . . . והנצל כצבי מיד וכצפור מיד יקוש
müthige dich, dränge deinen Freund! Rette dich wie ein Wild aus

dem Netze, wie ein Vogel aus der Schlinge!"[1] — Aber ihr werdet
auch ihre Friedensbotschaft vernehmen, wie sie den reuig Zurückgekehrten
das Heil und den Segen bringen, wie sie den Thau der Liebe und
Gnade Gottes auf das verlechzende durstige Gemüth herabträufeln:
שובה ישראל עד ה׳ אלהיך כי כשלת בעונך: ... אהיה כטל לישראל
יפרח כשושנה ויך שרשיו כלבנן „Kehre um, Israel, zu dem Ewigen
deinem Gotte; denn du bist gefallen durch deine Schuld ... Ich will
wie der Thau für Israel sein; es blühe wie die Lilie und schlage
Wurzel wie der Lebanon"[2]. דרשו ה׳ בהמצאו קראהו בהיותו קרוב
„Suchet den Herrn, da er sich finden läßt; rufet ihn, dieweil er nahe
ist"[3]. שובו אלי ואשובה אליכם „Kehret zu mir zurück und ich will
zu euch zurückkehren"[4] ruft ein Anderer im Namen Gottes.

So lange noch auf Erden ein heiliges Gefühl verweilen wird; so
lange noch in einer Brust der Gottesfunke glimmt: so lange werden
diese Stimmen als die süßesten und trostreichsten, als die erhebendsten
Rufe vernommen werden. Ihr seid so eifersüchtig, so geizig nach
Ehren und Anerkennung, opfert Gut und Leben der Erreichung dieser
Güter auf. Und die höchste Ehre, die dem Menschen widerfahren,
die höchste Auszeichnung, die er sich selbst verleihen kann, die weiset
ihr von euch. — Wann offenbart sich wohl der Mensch in seiner
ganzen Herrlichkeit? Wann strahlt er reiner, höher in dem Glanze
seiner gottentstammten Würde, als indem er aus freier Wahl, weil
das Bessere und Edlere in ihm erwacht, mit seinem ganzen frühern
Dasein bricht und aus eigener Kraft ein neues gottfreudiges gottkräf-
tiges gottgeweihtes Leben beginnt? als indem er — sich selbst ein
zweiter Schöpfer — aus den Irrsalen des Wahns, aus den düsteren
Gängen der Unwissenheit, aus dem Taumel der Sünde, aus der
Nacht des Lasters sich emporringt und in das ewige Lichtreich der
Gotteserkenntniß und Gottesfurcht eingeht? — ארפא משובתם אהבם
נדבה „Ich heile ihren Abfall", läßt jener Prophet Gott weiter reden,
„ich liebe sie als eine Spende"[5], als ein Geschenk, dargebracht aus
freier Wahl, aus Neigung, aus innerem Drange der eignen Seele.
Und ob der Mensch noch so weit sich hat verirrt, ob er durch schwere
Schuld sich vergangen, ob er an seinem Gott im Himmel und seinem
Gott in der eigenen Brust sich noch so schwer versündigct: אם יהיה

---

[1] Spr. 6, 3. 5. — [2] Hos. 14, 2. 6. —
[3] Jes. 55, 6. — [4] Mal. 3, 7. —
[5] Hos. 14, 5.

נדחך בקצה השמים משם יקבצך ה׳ אלהיך ומשם יקחך — auch bann noch nimmt der Ewige den Irrenden wieder auf in Gnaden.

III.

ומל ה׳ אלהיך את לבבך ואת לבב זרעך לאהבה את ה׳ אלהיך בכל לבבך ובכל נפשך למען חייך „Und der Ewige dein Gott wird öffnen dein Herz und das Herz deiner Nachkommen, zu lieben den Ewigen deinen Gott mit deinem ganzen Herzen und deiner ganzen Seele, auf daß du lebest." Das ist die schönste und herrlichste Verheißung, die dem zu Gott Heimgelehrten gegeben wird. So du dir Alles zu Herzen nimmst, was dir widerfahren; so du deinem Gotte dich wieder zuwendest: so wird auch er dir einen empfänglichen Sinn, ein offenes williges Gemüth verleihen. Unsere Alten bemerken: הבא לטהר מסייעין לו בא לטמא פותחין לו „Wem es Ernst ist, daß er heilig, daß er rein und lauter werde, dem verleiht Gott dazu die Kraft und den Beistand; wer der Sünde sich ergeben will, dem werden die Thüren und Pforten aufgethan"[1]). — All unser Glaube und all unser Hoffen wurzelt in der Ueberzeugung, daß jedem ernsten reinen Streben und Wollen der Erfolg nicht fehlen werde. So wir uns Gott als den Gerechten denken, dem nur das Rechte und Wahre wohlgefällt: wie sollte er dem in uns erwachten Streben, ihm zu nahen, sein schirmendes Auge entziehen, seine gnadenvolle Stütze versagen? —

Es gilt hier nur, so es uns Ernst ist, den ersten Schritt. Nur Einen Schritt thut eurem Gotte, eurem eigenen bessern Selbst entgegen, und ihr seid in der Nähe Gottes; und ihr werdet Stimmen hören, liebliche Himmelstöne, die lange verstummt gewesen; ihr werdet ein Licht schauen, wie es euch lange nicht geleuchtet; ihr werdet einen Frieden und eine Freudigkeit kosten, die alle Erdengenüsse nimmermehr gewähren.

אמרו בני קרח עד מתי אתה אומר שובו בנים שובבים והם אומרים לך שוב אתה תחלה שנאמר שובה ה׳ עד מתי ורנחם ואתה אומר לא כי אלא ישראל תחלה. לא אתה תשוב לעצמך ולא אנו נשוב לעצמנו אלא שניהם כאחת שנאמר שובנו אלהי ישענו „Gott spricht: Rehret um, abtrünnige Kinder (Jer. 3, 14)! Und Israel spricht: Kehre um, o Ewiger, — wie lange noch? — und erbarme dich deiner Knechte

---

[1]) Schabb. 104 a.

Seele, auf daß ihr lebet, frei und freudig und glücklich lebet — in Frieden und Seligkeit! — Mögen die nahenden Festzeiten uns Alle gesammelt und ernst, mit aufrichtigem Wollen und offenem Herzen finden, daß an ihnen das Gebeugte an uns sich erhebe, das Sündige aber und das Weltwesen zurücktrete — vor der Allmacht des Herrn und seiner Majestät! — Amen!

LI

Rüste dich deinem Gotte entgegen, Jisrael!

שבת לפני ראש השנה.

Meine andächtigen Zuhörer!

Wir haben schon bei anderer Gelegenheit auf die in Jisrael früher übliche Sitte hingewiesen, vor dem Eintritte der Feste des Herrn über deren Bedeutung öffentliche Lehre und Unterweisung zu ertheilen, und haben es auch für uns als Beruf und Pflicht erkannt, diesem Brauche seine altehrwürdige Bedeutung und Stellung wieder zu gewinnen. So wollen wir auch am heutigen Sabbat, der uns vor den nahenden Tagen der Feier zu gottesdienstlicher Unterredung versammelt, die Gemüther und Geister der Gemeinde des Herrn auf den Ernst und die hohe Stellung der kommenden Feste vorzubereiten suchen, daß Denen, welche, wie sie es sollen, jene Tage noch zu ehrfurchtsvoller heiliger Sammlung des Innern nutzen wollen, nicht die Anregung und Erweckung fehle, deren wir zu jeder Zeit bedürfen; damit die Alltäglichkeit und Gewöhnlichkeit des Lebens nicht mit ihrem verwirrenden zerstreuenden Gewühle in die stillen Räume dringe, darin wir den Hort unseres höhern Strebens und Sinnens bergen; damit Denjenigen unter uns, denen die Weihe des Gemüthes und die fromme Sammlung des Geistes durch lange Entwöhnung und Entfremdung verloren gegangen, die Mahnung, der Ruf Gottes verständlich und vernehmlich werde, und sie wieder für ihn gewonnen und empfänglich gemacht werden.

Wenn irgend eine Zeit in dem gottesdienstlichen Leben des Jisraeliten zu einer Sammlung und Einigung, zur Erhebung und Läuterung des Innern ermahnt und dränget, so ist es die Reihe der uns nahe bevorstehenden heiligen Feste. Es sind nicht die geschichtlichen Erinnerungen einer längst entschwundenen Vergangenheit, deren Andenken und Wiedererneuung dem Hause die festliche Gestalt, dem Gotteshause eine Schaar freudig erhobener begeisterter Gemüther zuführt, da das Fest nur des lebendigen Ausbrucks seines Gehaltes und Sinnes bedarf, um in rechter gottgefälliger Weise begangen zu sein; es ist nicht Israel in seiner welthistorischen Stellung, in dem Kerne seines nationalen Daseins, das die Fäden seiner Geschicke und Begegnisse, seiner Freuden oder Leiden an dem Webstuhle des ewigen Weltgeistes aufsucht und verfolgt; nicht wie durch das Peßachfest werden wir aus der Gegenwart in das Jugendalter der Welt entrückt, um das großartige Walten göttlicher Verhängnisse anzustaunen zur Erweckung und Kräftigung des Glaubens und der Liebe zu Dem, der an uns so wunderbar sich erwiesen; es ist nicht das Gedächtniß an den heiligen Moment der göttlichen Verkündigung, da es vom Himmel zur Erde scholl unter Posaunenschall und zuckenden Blitzen und rollendem Donner, des Herrn ewiges Wort, da er seinem Volke verkündete der Wahrheit Lehre und den Weg des Heiles ihnen zeigte: es ist der Einzelne in Israel, es ist Israel in seinem menschlichen Dasein, in seiner Bedürftigkeit und Schwäche, in seiner Abhängigkeit und Hinfälligkeit, zu dessen Verjüngung und Erneuung, zu dessen Läuterung und Kräftigung die bevorstehenden Tage des Herrn eingesetzt sind. Führen uns sonst die Tage des Herrn aus der Enge eines in gleichmäßigem Wellenschlage ruhig hinfließenden Lebens an die gewaltigen rauschenden Fluthen und Wasserstürze großer ungewöhnlicher Begebenheiten; entrücken sie uns sonst aus dem begrenzten Kreise gewöhnlicher Anschauungen auf ein Gebiet wunderbarer Verkündigungen und heiliger Offenbarungen: so führen uns die nahen Festeszeiten in die stille Einsamkeit der eigenen Brust, in die heiligen Gemächer innern Lebens und Fühlens, daß wir mit uns selber vertraut, bei uns selber heimisch, uns selbst vernehmen und erfahren, des Göttlichen und Ewigen in uns inne werden. Stimmen, die nimmer in uns verstummen sollten, Klänge, die stets in himmlischer Reinheit sollten vernommen werden, Gedanken, die uns stets geleiten sollten als schirmende Engel und mahnende Führer, — sie sollen ihre ewigen, aber so oft gekränkten Rechte an uns geltend machen. — Unsere alten Weisen und Gesetzeslehrer haben in diesem Sinne die ganze Zeit von dem Eintritte des Neujahrsfestes bis zum Versöhnungstage als eine Zeit ernster Stimmung und frommer Sammlung des Geistes und Ge-

müthes angesehen und sie mit dem Namen der „zehn Bußtage" bezeichnet. Spätere Jahrhunderte waren damit noch nicht begnügt und
zogen die Zeit, die dem Beginne des Jahres vorangeht, mit in den
Kreis jener zu Gebet und Buße bestimmten Tage; welche Sitte sich
dann in Israel allgemein ausgebreitet und bis auf uns herschend geblieben ist. Sie waren hierbei von dem richtigen Gefühle geleitet,
daß dem Tage der Versöhnung — dem eigentlichen Kern und Mittelpunkt für das religiöse Leben nicht nur des gesammten Israel, sondern zugleich jedes Einzelnen innerhalb desselben, einem Tage, der
des Menschen Bedürfniß in seinem Verhältniß zu seinem Gotte so
tief und großartig ausspricht — unmöglich die rechte Bedeutung und
Würde verliehen, sowie der wahrhaften Bestimmung und dem Geiste
seiner Einsetzung unmöglich genügt werden könne, wenn die Erfüllung
der göttlichen Vorschrift eben nur auf den einzigen Tag als einen einzelnen und auf dessen alleinige Feier sich beschränkte. Wie sollte Der
in aller Weihe und Innigkeit des Gemüthes den Segen und die Gnade
Gottes erflehen können für seine Schwächen und Sünden, für seine
Fehltritte und Gebrechen, dessen Herz nicht früher von der Sehnsucht
nach innerem Frieden, dessen Gemüth nicht früher von dem Gefühle seiner
Bedürftigkeit und Ohnmacht erfüllt und durchdrungen gewesen? —

So war ihnen der Beginn des Jahres auch der Eintritt in
einen neuen Kreis geistigen Lebens, der, wie er selbst zum Ernste
und zu tiefer Innerlichkeit auffordert und mahnet, gleichsam als ein
Vorläufer oder eine Vorbereitung für den Sühnetag noch eine heili-
gere tiefere Begründung gewann.

Auch uns, meine Theuren! bedeutet die Zeit ganz dasselbe, wie
unseren Vätern. Was sie fordert und woran sie mahnet, das ist so
tief in der Gotteslehre begründet, wurzelt so fest in dem Boden des
menschlichen Gemüthes, daß hierin Zeit und Umstände, wie unab-
weislich wir auch sonst ihre Ansprüche fühlen mögen, keine Aenderung
hervorbringen können. In der Gleichgültigkeit und Gedankenlosigkeit,
mit der die Gegenwart solche Anregungen des höhern Lebens, wie
sie Lehre und Sitte in Israel bieten, aufnimmt, in der Lauheit und
Kälte, mit der sie betrachtet und verwendet oder vielmehr nicht verwendet werden, liegt kein Zeugniß gegen ihre Angemessenheit und
Zweckmäßigkeit, sondern vielmehr eines für die Ohnmacht und Schwäche
der Zeit, die einmal aus ihrem Geleise nicht heraus kann oder will,
die außer dem Nächsten und Unabweislichen, den gebieterischen Forderungen des Moments und den handgreiflichen Ansprüchen des leib-

28 *

lichen Lebens — keine höhere Sorge kennt noch kennen will. Nichts ist natürlicher, als daß, wie ehrwürdig und fromm auch ein Bedürfniß in seinem Ursprunge gewesen sein möge, dennoch die Art der Befriedigung je nach dem im Einzelnen wechselnden Bedürfnisse des innern Menschen sich verjüngen und neu gestalten müsse. Darum gereicht es denn auch der Zeit zum Vorwurfe, daß — während sie sich zu weit vorgeschritten dünkt, um an Dem sich zu erheben und zu erwecken, was den Jahrhunderten der Vergangenheit erbaulich und erwecklich war — sie für ihre eigenen religiösen Bedürfnisse und Anschauungen, wenn sie anders deren hat, keinen Ausdruck und keine befriedigende Darstellung finden kann. Die Kleider der vermeintlichen Kindheit hat sie ausgewachsen und das Gewand für die erstarkten Formen des angeblich gereiften Alters nicht beschafft, daher sie denn nackt und kahl den Einflüssen der Stürme und des Wetters sich nicht entziehen kann. — Doch ich kann diese Ohnmacht nicht für Kraft, diese Armuth nicht für Reichthum, diese Leere und Hohlheit nicht für Fülle und Ueberschwänglichkeit ansehen.

Möge daher dem Worte, das wir heute reden, der Segen Gottes beschieden sein, daß es an seinem Theile mit dazu wirke und beitrage, den heiligen Tagen der Feier, die uns bald eingehen, den Sinn und das Herz zu öffnen, daß sie nicht als abgerissene fremde Bruchstücke aus einer entrückten Welt des Anschauens und Empfindens uns erscheinen, sondern als befreundete wohlvertraute Gestalten; daß sie als Gottesstimmen uns tönen und vom Himmel schallend uns zum Himmel rufen, von Gott kommend uns an Ihn mahnen und zu Ihm erheben!

Die Worte des Propheten

Amos 4, 12:

הכון לקראת אלהיך ישראל

„Rüste dich deinem Gotte entgegen, Israel!"

das ist die Mahnung, die sie an uns richten, die ich an euch richte, meine Theuren! und die ich nach ihrem Sinne und Gehalte euch auslegen will.

I.

„Rüste dich deinem Gotte entgegen, Israel!" — Dieses Wort sollte zu jeder Stunde, sollte in jedem Augenblicke uns als eine heilige Stimme in der Seele tönen, sollte wie Posaunenschall in unserer Seele stillen Räumen vernommen werden und jeden höhern Gedanken, dessen wir fähig sind, jede edle Empfindung, die in uns schlummert, aufwecken und beleben und zu freudiger That, zu gottge= fälligem Werke rufen. Wer könnte müßig sein, wenn eine solche Stimme erschallt? Wem müßte das Herz nicht beben bei dieser Mahnung? Giebt es einen Augenblick im Leben, da es nicht unsere Pflicht, unsere heilige Aufgabe wäre, uns zu rüsten unserem Gotte entgegen? Drängt sich nicht in diesen kurzen Spruch Alles zusam= men, was wir als das Höchste, Würdigste, Unerläßlichste unseres Erdenganges bezeichnen müssen? Ist nicht das ganze Leben eine Vor= bereitung, eine Zurüstung, Gott entgegen zu gehen, ihn zu empfangen, daß er bei uns einziehe, daß er, so lange wir auf Erden sind, bei uns und in uns weile, uns zu rüsten, daß wir würdig vor ihm er= scheinen? — Die Gotteslehre aber mit ihren Mahnungen und Vor= schriften, mit ihren Lehren und Weisungen — sie ist die Anleitung und Anweisung, wie wir uns rüsten können unserem Gotte entgegen. Und sie ist es auch, von der Moscheh sagt והיה שם בך לער „daß sie zu allen Zeiten zeuge wider uns"[1]), so oft wir unterlassen, uns unserem Gotte und seinem Dienste bereit zu halten.

Aber welcher Ruf ertönt wohl seltener in uns, welche Stimme wird wohl theilnahmloser und gleichgültiger gehört als die, welche mahnt, uns Gott entgegen zu rüsten? — Wer hätte einen Freund, dessen Liebe nimmer rastet, dessen sorgsame Obhut auf jedem seiner Schritte mit tausend und aber tausend Augen wachet, um den erkore= nen Liebling vor jedem Wehe zu schirmen, vor jedem Schmerze zu hüten; der am frühen Morgen, noch ehe du erwachest, den Weg dir ebnet, den du gehen wirst; der in der stillen Nacht an deinem Lager hat geweilet und jedes Leid und jede Noth dem Wehrlosen, Bewußt= losen hat fern gehalten, — wer hätte einen solchen Freund und ginge nicht täglich, stündlich hin, ihm zu danken, des Herzens reinsten Er= trag, der Seele lauterften Ton ihm als kleine Spende, als geringes Zeichen darzubringen? — O meine Theuren! ich weiß, wer eines solchen Freundes sich erfreut; weiß, wer einen solchen Freund ver= säumt und verläßt; weiß, wer den Feinden und Störern unseres höhern Daseins alle Kraft und alle Stärke und alle Zeit opfert, aber dem Einzigen, welchem Alles, welchem das Beste und Schönste

---

[1]) 5. Mos. 31, 26.

unb Heiligste an uns gehört, die kärgliche Gabe entziehet, die nicht
Den reicher macht, der sie empfängt, sondern Den, der sie giebt, ihn
um so viel reicher macht, als er mehr, als er freudiger, als er be=
reitwilliger giebt. תן לו משלו שאתה ושלך שלו „So gieb ihm denn
von dem Seinigen; denn du und Alles an dir — was du bist und
was du hast, was dich erfreut und worauf du stolz bist — es ist
das Seine, gehöret ihm als Herrn und Eigner, wie es dir nun und
nimmer gehört. ובן בדוד הוא אומר כי ממך הכל ומידך נתנו לך
Und so heißt es auch bei David, dem Könige, dem mächtigen Herrn
und Gebieter, der seine Reichthümer und Schätze in stolzem Selbst=
gefühl übersehen konnte, da er sie zum Gottestempel weihete; so sprach
auch er es aus: Denn Alles kommt von dir, und wir geben dir nur
Das, was deine Hand uns hat gespendet". [1]

הכן לקראת אליהיך ישראל „So rüste dich, Israel, deinem Gotte
entgegen"! Wenn nun wiederum ein Abschnitt in dem Buche des
Lebens ist vollendet; wenn wiederum ein Stück des Daseins mit
seinen Wechselfällen und Fügungen, mit seinen Freuden und Schmer=
zen, mit seinen täuschenden Bildern und seinen traurigen Wahrheiten,
mit seiner kurzen Lust und seinem langen Weh in das Meer der
Zeiten sich hinabsenket: dann tritt die ernste Feier des „Gedächt=
nißtages" (יום הזכרון) ein, und rufet die auf dem schwanken Wellen=
spiele einer bewegten Lebensfluth Umgetriebenen aus ihren leicht
gezimmerten Barken auf den festen Boden des Ewigen und Göttlichen
zurück. Es sollen die himmlischen Ahnungen und Regungen der
Seele, die in dem langen Jahre stille gewesen, die Stimmen Gottes,
die von dem Getöse, dem lärmenden Geräusche der Arbeit um die
Erde und ihren enteilenden Reiz überschrieen worden, sich wieder
hören und vernehmen lassen. Es soll nach dem zerstreuenden Ge=
wühle und dem verwirrenden Treiben eine Zeit der Sammlung und
Einigung für das Innere eintreten.

Darum הכן לקראת אליהיך ישראל „rüste dich beinem Gotte
entgegen"! Bereite dich vor, ihn zu empfangen! Oeffne ihm die
Räume, in die er einziehen, gründe ihm die Stätte, darin er thronen
soll! Rüste dich ihm entgegen, daß, wenn die Tage der ihm gewei=
heten Feier nahen, du die schönsten duftigsten Knospen und Blüthen
deines Innern ihm reichest! —

---

[1]) Abot 3, 7.

Wohl bedürfen wir, meine Theuren, ganz besonders einer solchen Zurüstung und Vorbereitung. Wohl spricht sich in diesen Worten des Propheten Dasjenige aus, was uns am meisten fehlt und dessen Mangel die Wurzel aller jener Erscheinungen ist, die wir als Grund-übel und Gebrechen der Zeit schon so oft zu besprechen Gelegenheit gefunden. — Die Klage, die so häufig wird vernommen, die in ge-dankenloser Oberflächlichkeit von Mund zu Munde gehet, daß es der Umgestaltung und Neubelebung der religiösen Lehren und Veranstal-tungen bedürfe, die gehet doch nur aus jener Trägheit des Sinnes und jener willenlosen Ohnmacht hervor, die sich Nichts zumuthen und zutrauen mag oder kann. Statt der Erneuung und Verjüngung der Lehre bedarf es vielmehr der Belebung und Erweckung der Geister und Gemüther für die Lehre; was ihr von euch fordern und errin-gen müsset, die Frische des Geistes, die Empfänglichkeit und Bedürf-tigkeit des Gemüthes, das ist nicht Folge, sondern Bedingung und unerläßliche Forderung eines erneueten religiösen Lebens unter uns. Das Herz, das sich nach Gott sehnt und ihn suchet, der Geist, der die Erleuchtung und Verständigung über seine wichtigsten Angelegen-heiten und Fragen als eine heilige Pflicht erkennet, die Freudigkeit und Seligkeit des Gemüthes, das in den lichten Höhen der göttlichen Wahrheit, in dem milden Aether der Gotteserkenntniß und des inni-gen Glaubens sich heimisch, in dem Frohndienste und Joche des Er-denwerks sich beengt und beklommen fühlt, — die könnet und werdet ihr durch keine gehoffte neue Formen gewinnen. Die gebet euch sel-ber, die suchet in euch zu frischer kräftiger freier Entfaltung zu brin-gen, und es wird euch das Gotteshaus ein freundlicher Aufenthalt, das Wort des Gebetes euch von der Lippe strömen, als der Ausdruck eines bewegten Innern; das Wort der Lehre, das ihr vernehmet, es wird wie frischer Thau sich niedersenken auf die verlangende Seele, wie Regengüsse aufs Grüne, wie labende erquickende Regenschauer aufs dürre Land. כִּי שֵׁם ה' אֶקְרָא הָבוּ גֹדֶל לֵאלֹהֵינוּ „So ich den Namen des Herrn anrufe, müsset ihr unserem Gotte die Hoheit und Größe geben"[1]). Nur nach dem Grade der Empfänglichkeit und Sehnsucht des Gemüthes wird die Größe und Heiligkeit des höchsten und erhabensten Gedankens empfunden; nur nach der Tiefe und In-nerlichkeit eures Wunsches nach ihm wird er euch näher oder ferner stehen. Indem der heilige Sänger die Herrlichkeit Gottes feiert,

---

[1]) 5. Mos. 32, 3.

„beſſen Stimme majeſtätiſch erſchallet über den Waſſern", wenn er
den Meiſter und Herrn der Schöpfung erhebt, „deſſen gewaltiger
Donner Eichen zerſchmettert und die Wälder entblättert", — fordert
er die Mächtigen und Gewaltigen auf הבו לה׳ בני אלים הבו לה׳
כבוד ועז, daß ſie ihm, der in Allmacht iſt erhaben und groß, Preis
und Verehrung ſpenden [1]). Vor dem offenen Sinne thun ſich Offenbarungen Gottes auf auch in der leiſeſten Regung im Reiche
der Natur und des Geiſtes; an dem verſchloſſenen Gemüthe gehen
die herrlichen Verkündigungen ungehört und unbeachtet vorüber. Dem
lauſchenden Ohre ertönen Stimmen und Klänge von allen Seiten;
dem verſtockten Herzen rollen vergeblich die Donner und zucken um-
ſonſt die Blitze des Herrn. Ihr habet Alle Wunder geſehen, die
Gott an euch gethan; ולא נתן ה׳ לכם לב לדעת ועינים לראות ואונים
לשמע עד היום הזה „aber das Herz, ſie zu faſſen, den erhelleten Blick,
ſie anzuſchauen und als bleibende Erfahrung im Geiſte zu bewahren,
das Ohr, der Stimme zu horchen, die aus ihnen zu euch redet, ihr
habet ſie euch nicht angeeignet bis auf dieſen Tag" [2]).

So ruft das Feſt uns zu mit des Propheten Worten: הכן לקראת
אלהיך ישראל Du ſollſt dich rüſten und vorbereiten, dich aufrichten
und anſchicken, deinem Gotte entgegen zu gehen, o Jisrael! —

II.

הכן לקראת אלהיך ישראל „Deinem Gotte entgegen ſollſt
du dich rüſten!" Er iſt nicht fern, ſo du ihm nicht fern bleiben
willſt; er kommt dir entgegen, ſo du ihm entgegen geheſt.

Dieſen tröſtlichen erhebenden Gedanken drückt des Propheten
Wort gleichfalls in ſeiner wunderſamen Kürze aus; dieſen Troſt giebt
uns auch das nahende Feſt, das zur ernſten Einkehr in das eigene
Gemüth, zur ſtillen Betrachtung in der Tiefe unſerer Seele uns gegeben worden. —

Es klinget ſo ſeltſam und iſt doch ſo wahr, daß wir es ſelbſt
ſind, die wir das Göttliche aus uns entfernen, daß wir es ſelbſt
ſind, die wir dem Geiſte den Flug, dem Gemüthe die Wärme, dem
Herzen die Weihe und Erhebung rauben. Wir laſſen den Reichthum
unſeres Innern verfallen, ja wir verwahrloſen unſer Inneres, indem
wir nur auf den Schein und das Weltweſen unſern Sinn richten.

---

[1]) Pſ. 29, 1 ff. — [2]) 5. Moſ. 29, 3.

So ziehet das Göttliche aus unserem Herzen, und das Heilige räumt beschämt und beleidigt die Stätte, aus der es von dem Gewöhnlichen und Alltäglichen verdrängt worden. Da „zittert die Erde", wie der alte Weise spricht, ‏תחת עבד כי ימלך‎ ‏... ושפחה כי תירש גברתה‎ „wo der Knecht regieret und die Magd die Herrin und Gebieterin verdränget" [1]). —

Es ergehet das Wort des Herrn an euch; ihr höret es und beherziget es nicht. Wir legen, soweit unsere menschliche Kraft und Einsicht reicht, es den Unsrigen aus; des Reichthums Fülle holen wir aus den Schachten und Gängen, in denen er verborgen liegt. Wir reichen dem schwachen Sinne die Stützen und Behelfe, an denen er sich auf- und emporrichte, an denen er erstarke und sich frei bewege. Wir nehmen der Jahrhunderte Bildung und Einsicht zur Freundin und Genossin, daß mit den Aussprüchen und Ansprüchen der Zeit die ewigen Lehren des Glaubens zu segensvoller einträchtiger Gemeinschaft sich verbinden. Bald ist es das verkannte Heilige und Göttliche, wie es die Lehre Israels so unwiderstehlich und gewaltig lehrt und predigt, dafür wir das Wort erheben; bald ist es der frische jugendliche Sinn eines muthig der Zukunft zustrebenden Geschlechtes, dem wir zur Erweckung und Belebung der Unsrigen auch unter uns Ausbreitung und Förderung gönnen wollen. Es ist das Vorurtheil der Altgesinnten wie der unreife Aberwitz der Neuerer, die thörichte Starrheit auf der einen wie der frevle Leichtsinn auf der andern Seite, denen wir entgegen treten, denen wir das Lebendige in freier Beweglichkeit, aber auch das Ewige in seiner Beständigkeit aufzuweisen und darzustellen suchen. Ihr höret es und habet euer Genüge und eure Befriedigung daran. Aber den wollenden strebsamen Sinn, der im Geiste der Lehre Israels aus Dem, was er gehört, aus Dem, was er gelernt, nun neue Quellen und Adern des Verständnisses gewinne; den festen Willen über die Fragen, die der denkende Mensch, die der seiner Lehre getreue, den Verkündigungen des Gotteswortes horchende Sohn Israels sich thun soll, zu möglichster Klarheit und Gewißheit durchzubringen, — den werden wir — und hätten wir das Wort, wie es den heiligen Gottesmännern der Vergangenheit zu Gebote stand, und hätten wir den Flug des Geistes, dessen Rauschen wir in ihren heiligen Worten vernehmen — euch nimmermehr in das Herz hineinreden und hineinpredigen, so ihr nicht selber aus eigener

---

[1]) Spr. 30, 21—23.

Macht und innerem Drange euch zu euch, zu der Höhe eurer geisti=
gen und sittlichen Kraft, zu der Höhe eurer Lehre, zu dem Gottes=
berge des Glaubens erhebet; und ihr werdet euch nimmer dazu
erheben, so ihr es nicht wollet. התקן עצמך ללמוד תורה שאינה
ירושה לך „Bereite dich vor, schicke dich an, das göttliche Wort zu
erlernen! Denn ein Erbe ist es nicht" [1]); es kann nicht wie eine
Erbschaft empfangen, nicht wie ein todtes Gut eingesammelt und ein=
gescharrt werden. Nur Dem, der es erkennen und durchbringen will,
erschließt es sich; nur Dem, der sich darum bemühet, giebt es seine
inneren Schätze zum Besitze und Genusse. Aber noch Keiner hat sich
umsonst gemühet und noch Keiner hat umsonst seine beste Kraft daran
gesetzt. יגעתי ולא מצאתי אל תאמן „Ich habe mich gemühet ohne
Erfolg — das glaube nicht!" [2])

Mit demselben Eifer und derselben Gewissenhaftigkeit, wie ihr
eures Lebens wartet und pfleget, mit derselben Liebe, mit der ihr
jeden Rath annehmet, der euch von irgend einem Gebrechen zu heilen
oder einem drohenden Uebel vorzubeugen verspricht, mit derselben
Liebe und Sorgfalt — ich fordere keine größere, keine gewissenhaf=
tere, nur eine gleiche — wartet des Unsterblichen in euch, pfleget
jeden göttlichen Keim in euch. Mit derselben Pflichttreue, wie ihr
eures Hauses Glanz und eurer Habe Fülle zu sichern und zu ver=
größern trachtet, trachtet nach der Vergrößerung und Erweiterung
eures innern Schatzes!

Ist denn diese Mahnung eine so fern liegende? Ist denn diese
Auffassung des Lebens und des Menschen euch so neu, daß sie euch
fremd klinge, oder so alt, daß sie abgenutzt sei? — Meine Freunde
Sie ist — das weiß ich — nicht das Eine und nicht das Andere.
Ihr sehet ihre unabweisliche Wahrheit, sehet ihren wohlbegründeten
Anspruch ein und müsset ihn anerkennen. Aber es haben einmal die
Verhältnisse sich verschoben; es sind die ewigen Mächte des Geistes,
der Vernunft, der Religion, nicht mehr die herschenden: es ist an die
Stelle des rechtmäßigen Gebieters und Herrn ein Heer von ange=
maßten Ansprüchen eingedrungen; ה' אלהינו בעלונו אדנים זולתך
„Ewiger, unser Gott! Es haben Herren sich unser bemächtigt außer
dir" [3]). Und wie es geschieht: je thrannischer der Gebieter schaltet,

---

[1]) Abot 2, 12. — [2]) Megill. 6 b. —
[3]) Jes. 26, 13.

je weniger berechtigt seine Macht und Würde, desto willigern Gehorsam findet er bei den Feigen und Ohnmächtigen.

הכון לקראת אלהיך ישראל „So rüste dich deinem Gotte, deinem
Herrn und Meister entgegen!" So du ihm nahen willst: er wird
dich freudig und willig empfangen; so du zu ihm dich wendest: כשחר
נכון מצאו „gleich dem Frühroth ist sicher sein Aufgang" [1]). Und ist
sie erst wieder rege worden, die Sehnsucht nach Gott und seiner
Nähe; ist es erst wieder lebendig geworden, das Verlangen nach
dem Worte seiner Wahrheit: dann wird das angeblich Fremde und
Todte verwandt und lebendig euch entgegen kommen; dann wird das
Stumme Sprache gewinnen, und aus den Worten der Lehre werdet
ihr Nahrung ziehen für das bedürftige verlangende Gemüth. כי אצק
מים על צמא ונחלים על יבשה אצק רוחי על זרעך וברכתי על צאצאיך
„Wie auf das durstige Land das Wasser, wie auf trockene Steppe
die erfrischende Fluth, so will ich ausgießen meinen Geist auf deine
Sprößlinge und meinen Segen auf deine Sprossen" [2]), spricht Gott. —

III.

„So rüste dich deinem Gotte entgegen, Israel!" Daß
du dich vorbereitest und ihm entgegen gehest, das ist des Propheten
Forderung, daran mahnen die nahenden Tage des Festes. Rüste
dich als Israelit deinem Gotte entgegen — mit dem Glauben an
ihn und der innigen Liebe zu ihm, wie er sie dich gelehrt hat und
von dir fordert, mit dem frommen Vertrauen in seine Gnade und
Huld, wie er sie dir verheißen hat und sich dir hat verkündet! Erkenne ihn als den Herrn und Meister deines Lebens, als das Licht
und den Leitstern deines Weges, als Den, dem du mit deinem Besten
und Edelsten gehörst! Erkenne ihn als den Vater und milden Freund
deines Daseins, der dich schützet und schirmt, der, ob er nimmt oder
giebt, zu deinem Heil und Segen dich führet! Und wenn du in den
stillen Stunden der Prüfung — wo du, mit dir allein, dein vergangenes
Leben musterst — die schadhafte Stelle findest, wo du ihm bist abtrünnig und seinem Worte ungetreu geworden, wo du bald in frevlem
Uebermuthe, bald in leichtfertiger Uebereilung dich an ihm hast versündiget: zage nicht! Er hat seine Gnade und sein Erbarmen verheißen Denen, die ihn suchen; er ist nahe Denen, die ihn anrufen

---

[1]) Hos. 6, 3. — [2]) Jes. 44, 3.

הוי זהיר בקריאת שמע ובתפלה וכשאתה מתפלל אל — .in Wahrheit
תעש תפלתך קבע אלא רחמים ותחנונים לפני המקום שנאמר כי חנון
ורחום הוא ארך אפים ורב חסד ונחם על הרעה ואל תהי רשע
בפני עצמך „Sei achtſam", ſprach ein alter Weiſer, „beim Leſen des
Sch'ma und beim Gebete! Und wenn du beteſt, ſo behandle dein
Gebet nicht wie ein ſtehendes Geſchäft, ſondern es ſei Inbrunſt und
Flehen zu Gott! Denn es heißt: Er iſt gnädig und barmherzig,
langmüthig und reich an Huld und nimmt das verhängte Unheil zurück
(Joel 2, 13). — Und erſcheine dir nicht ſelbſt als Böſewicht!" [1])

Das Sch'ma, wiſſet ihr, iſt, wie der alte Weiſe es auch meinet,
die Anerkennung der göttlichen Herſchaft. Vergiß alſo nicht, ihn am
frühen Morgen und am ſpäten Abend als den Herrn und Meiſter
zu erkennen und ſeinem Dienſte dich zu weihen. Halte auf das Gebet; denn nicht ein Jeglicher kann beten. Und ob es auch noch ſo
Vielen unter uns geläufig von der Lippe geht, ſie beten nicht. Wo
das Herz nicht tönet und das Gemüth ſich nicht reget; wenn ſie
zweien Herren dienen, ihrem Gotte mit dem Munde, dem Weltweſen
mit dem Herzen: ſo iſt das kein Gebet; das iſt Lippenwerk. Das iſt
nicht, wie der Prophet es nennet, ניב שפתים „Fruchttrieb und Keim
der Lippe" [2]), da der Seele innerſtes Bedürfniß und reinſtes Wün-
ſchen und Hoffen im Worte Geſtalt gewinnet; das iſt מצות אנשים
מלמדה „angelerntes Menſchengebot" [3]), davon des Propheten vor-
wurfsvolles Wort gilt: הקריבהו נא לפחתך „Wage nur, Solches deinem Herſcher zu bieten!" [4]) —

Und ſoll ich von den Anderen reden, denen das Innere iſt ver-
ſchloſſen, in denen ſich Nichts mehr regt, denen alle heiligen Empfindungen und Ahnungen entſchwunden zu ſein ſcheinen, in denen es
kahl und todt iſt wie auf der eiſigen Winterflur, über die ein feuch-
ter kalter Nebel ausgebreitet iſt, der jeden Sonnenſtrahl, jeden wär-
menden Hauch abwehrt; für die die Feſte des Herrn mit ihren Him-
melsklängen ſo keinen Werth und keine Bedeutung haben, daß ſie
über deren Länge klagen, und denen die Stunde im Gotteshauſe eine
Laſt iſt?

O möchten ſie doch von dem Rufe des Propheten ſich getroffen
fühlen, möchten ſie davon erweckt und gemahnt werden, daß ſie ſich
„rüſten ihrem Gotte entgegen"; daß ſie in aller Kraft heiliger Weihe,

---

[1]) Abot 2, 13. — [2]) Jeſ. 57, 19. — [3]) Daſ. 29, 13. —
[4]) Mal. 1, 8.

frommer Innigkeit, gläubiger Hingebung sich sammeln in dem Hause des Herrn; daß das Wort, das wir als ein treu gemeintes und in redlicher Absicht verkünden, in ein empfängliches warmes und treues Herz falle und dort Nachhall, freudige antwortende Töne erwecke! —

Möge einem Jeglichen unter uns die Würde und der Ernst der Festesfeier wieder zu Herzen gehen, daß, wie in dem alten, so auch in dem neuen Jisrael daraus hervorgehe ein Gefühl ehrfurchtsvoller Hingebung, inniger Begeisterung für Gott und sein Wort, der Wunsch, statt der erkannten Fehler und Schwächen aus der Kraft des eigenen Innern mit dem Beistande Gottes ein neues frisches gottgefälliges Leben zu beginnen! Möge wiederum, wie ehedem, ein Jeglicher in Jisrael mit dem Besten und Edelsten seines Innern, mit den schönsten Gaben und Spenden seiner Seele vor dem Herrn erscheinen! Es sind die höchsten und heiligsten Gedanken, die in den bevorstehenden festlichen Tagen in uns rege sein sollen; es sind die höchsten und heiligsten Güter, die der Mensch, die der Israelit, die ganz Jisrael für sich erflehet, um die wir zu Gott dem Herrn in jenen Tagen beten. Und wahrlich, wer noch ein Gefühl für Gott, einen Glauben an seine Wahrhet, einen Strahl von dem Lichte höhern Ahnens und Hoffens im Herzen trägt, in wem der eiskalte Hohn, der dürre Unglaube, der ohnmächtige, aber hochmüthige Dünkel eingebildeter Weisheit nicht jeden bessern Keim erdrückt und erstickt hat, der wird mit Freuden in jenen alten Gebeten, welche den Kern unseres Gottesdienstes bilden, ebenso schlicht wie erhaben seines Gemüthes Bedürfnisse ausgesprochen finden. --

Auf denn, o Jisrael, rüste dich deinem Gotte entgegen! Er hat die Pforte dir aufgethan, die zu ihm führt. Die Thore seines Palastes sind geöffnet, Jeglichen zu empfangen; so thue auch du ihm das Herz auf! פתחי לי אחתי רעיתי יונתי תמתי אמר הקב"ה לישראל בני פתחו לי פתח אחד של תשובה כחודה של מחט ואני פותח לכם פתחים שאפילו עגלות וקרניות נכנסות בו "Gott spricht zu Jisrael: Meine Kinder, thut mir auf, und wär's auch nur ein Wenig, eure Herzen in Buße, und ich eröffne euch weit die Pforten meiner Gnade"[1]. Und Jisrael spricht: אני לדודי ועלי תשוקתי "Gehör' ich erst meinem Freunde, so sehnet er sich nach mir"[2]. — —

So möge denn des Jahres Beginn und die darauf folgende Zeit der Feier uns Allen eingehen zu wahrer heiligender Sammlung des

---

[1] Midr. Chasita zu Hohel. 5, 2. — [2] Hohel, 7, 11.

Geistes, zur Stärkung des Gemüthes, zu frommer Erhebung! Mögen sie uns vorbereitet und gerüstet finden und segensreiche Früchte für unser inneres Leben bringen! Mögen sie in Frieden und Ruhe, ohne Störung und Trübsal uns kommen und in ihrer heilvollen Wirkung uns fortdauern und beharren im Geiste zu unserem Heil und zu Gottes Ehre! — Amen!

LII

Abschiedswort.

(Prag 1844.)

Meine andächtigen Zuhörer!

Die Reihe bedeutsamer und ernster Eindrücke, die in den aufeinander folgenden Festzeiten sich dem Geiste und Gemüthe des Empfänglichen, Wollenden, Strebenden in so mannigfachen Gestalten
darboten, geht zu Ende. Es wird das Fest bald von uns scheiden [1]);
es mahnt uns, wie jedes Scheiden, zum Ernste und zu gefaßter, in
sich gesammelter Betrachtung. Ein Lebensabschnitt, der abgeschlossen
und vollendet zu übersichtlicher Beurtheilung und Prüfung uns vor-
liegt, soll unseres Geistes und Gemüthes Eigenthum bleiben; die
Summe der Erscheinungen, das bunte bewegte Spiel mannigfacher
Erlebnisse zieht sich dem ernsten denkenden Menschen in die Gedanken
und Erfahrungen zusammen, die ihm als Ausbeute und Ertrag geblieben. Die Fülle des Einzelnen wird welk und kahl, die ganze
Pracht und farbige Ueppigkeit der Erscheinungen verbleicht und ent-
färbt sich; aber die Empfindung, die es in uns belebt oder erweckt,
die Lehre, die es uns ertheilt, die Kraft, deren Quellen es uns entdecken und finden gelehrt, das ist das Bleibende, Unvergängliche, Un-
verwüstliche, was wir gelebt und erlebt haben, was wir das Unsere
nennen. So mahnet uns der Abschluß eines jeden Stückes in unserem Dasein, so spricht er mit eindringlicher Stimme zu uns, ladet
ein oder drängt uns vielmehr zur Prüfung und Erwägung. Und so

---

[1]) Die Predigt ist am Schlußfeste (שמיני עצרת) gehalten, als der Ver-
ewigte im Begriffe war, Prag zu verlassen und seine Stelle in Berlin anzutreten.

sollen auch die Feste des Herrn uns nicht umsonst gekommen und hingegangen sein; Himmelsstimmen sollen uns in ihnen und aus ihnen tönen, Heroldsrufe aus einem höhern Gebiete, um uns in die lichten Regionen des Geistes, heiliger Erhebung und frommer Sammlung zu führen. —

Doch nicht von Dem, was das Schlußfest uns Allen ans Herz legt, will ich heute zu euch reden. Ich muß den allgemeinen und umfassenden Gedanken, den es uns nahe legt und dem wir sonst wohl den Ausdruck zu geben versucht, heute in einen engern Rahmen fassen und der Mahnung das Wort zu leihen suchen, die es an mich richtet, das scheidende Fest, an mich — den Scheidenden. So wenig es uns sonst ziemen würde, an der Stätte, die wir der Erkenntniß der Wahrheit und des Geistes unserer Lehre geweiht, an der uns das Verständniß unser selbst, die Einsicht in unser höheres Leben und Sollen sich erschließen soll, an der Stätte, wo wir aus den Grenzen enger persönlicher Beschränkung heraustreten wollen, um einen freiern Gesichtskreis und eine ungetrübte Aussicht zu gewinnen, — an dieser Stätte gemeinsamer Belehrung und Verständigung, unsere Aufmerksamkeit dem Einzelnen zuzuwenden; so wenig es sich schickt, in dem Hause Gottes von dem einzelnen Menschen zu reden und ihn als Gegenstand der Theilnahme hinzustellen: so muß ich, durch die Gelegenheit veranlaßt und bestimmt, euch heute zum Schlusse des Festes und meiner Lehrwirksamkeit in dieser Gemeinde doch Eines und das Andere, mich selbst Betreffende zum Gedächtnisse und zur Erinnerung an diese Stunde, zum Gedächtnisse und zur Erinnerung — lasset mich es als Wunsch und Bitte hinzufügen — über diese Stunde hinaus vorführen; muß euch eine Art von Rechenschaft geben über mich selbst, ein Bekenntniß und Zeugniß über mich, über Das, was ich gewollt und erstrebt, über Das, was ich glaubte, mir und euch, mir als dem zum Lehren von euch Berufenen, euch als Denen, die ihr mir ein so heiliges Amt eingehändigt und vertraut, schuldig zu sein. Es klärt eine solche Rechenschaft manches vielleicht Dunkle auf, erhellet dem rückwärts gewandten Blicke weite Bahnen, die ihm verhüllt gewesen, und wirft auch vielleicht auf die Zukunft und die noch nicht durchmessenen Strecken einen verklärenden Lichtschein.

Daß eine solche Erläuterung und Verständigung nicht in die eitlen Huldigungen eines selbstzufriedenen Dünkels ausarten könne, davor bewahrt mich wenigstens die einfache Thatsache, daß ich die

mir gewordene Aufgabe als eine so hohe, so umfassende und weit-
greifende erkenne, daß ich selbst der größern Kraft, als die meinige
ist, ihre vollständige Lösung nicht zutrauen kann, daß die Hoheit
und Würde des Berufes nach meiner Ansicht selbst dem redlichsten
eifrigsten hingebungsvollsten Streben noch immer als ein unerreichbares
Ideal erscheinen muß; davor bewahrt mich der innerste Grundzug
meines Wesens, der sich nie in dem Bewußtsein irgend einer Leistung
befriedigt und beruhigt einzuwiegen vermöchte und in träger Gemäch-
lichkeit sich. in dem Erfolge bespiegelt und an ihm weidet. Das Gefühl des Mangelhaften, Unvollkommenen und Ungenügenden, der
Schwäche und Kleinheit des Gebotenen und Gewährten im Verhältniß und Vergleich mit dem zu Gewährenden und zu Bietenden hat
mich als Mahner und Erinnerer oft genug mitten in der scheinbaren
Freude und Befriedigung überkommen und zu der Demuth und Be-
scheidenheit geführt, die uns — wenn wir unsere Mittel mit unserer
Aufgabe, unser Thun mit unserem Sollen zusammenhalten — eigentlich nie verlassen könnte und sollte.

Um nun vollends jeden Rest solcher Eitelkeit und Thorheit zu
bannen, dazu ist ganz besonders der im Laufe dieses Festes uns vor-
geführte Schluß des Gotteswortes geeignet, welcher uns das größte
erhabenste Lebensbild in seinem Abschlusse darstellt.

Er, von dem sein Gott das Zeugniß hat abgelegt, daß er „der
Treueste sei in seinem großen Haushalte" [1], von dem bezeugt wird,
daß „Keiner seines Gleichen je aufgestanden" [2], und desgleichen in
der That Keiner ist wiedergekommen; er, der an Demuth und lieb-
reicher Hingebung alle Menschen auf Erden übertroffen [3], — Moscheh, der göttliche Mann, der Knecht Gottes, wird uns in seinem
Scheiden vorgeführt, wie er die Seinen, denen sein großes arbeits-
volles Leben gehört hatte, segnet und noch einmal die Höhen be-
steigt, von denen aus ihm der Blick in das Land der Verheißung sich
aufthut, für das er gerungen und gestrebt, das aber nur sein sehn-
süchtiger Blick aus weiter Ferne überschaut, — und wie er dann hin-
geht, und Keiner kennet sein Grab, das Grab des Mannes, welcher
als Gottesbote und Herold der Wahrheit noch lebt in unverwüstlichem
unsterblichem Lebensglanze unter uns. Moscheh in seinem Scheiden
ist wahrlich ein Bild, das auch ein berechtigteres Selbstgefühl, als ich
beanspruchen dürfte, auf sein bescheidenes Maß zurückweisen müßte. —

---

[1] 4. Mos. 12, 7. — [2] 5. Mos. 34, 10. — [3] 4. Mos. 12, 3.

Gestattet mir daher, meine theuren Zuhörer, die Stunde zu der Erläuterung und Erklärung über mich, mein Wollen und Streben zu verwenden! Erlasset mir in dieser schlichten Darlegung meiner Ansichten und Absichten den Schmuck der Rede, die Verbrämung und Ausschmückung mit den kostbaren Perlen aus dem Schatze alter Weisheit, deren sinnvolle Kürze und inhaltreiche Andeutungen uns so oft von der Bedeutung und dem Gehalte unseres Alterthums überzeugt hat! Lasset mich reden כאשר ידבר איש אל רעהו „wie ein Mensch mit dem andern redet" [1]), — in dem unbefangenen Tone freundschaftlicher und freundlicher Unterredung! Möge ein Jeder von euch mir freundlich und nahe sein, daß ich nach den Worten des Sängers zu ihm sagen könne: ואתה אנוש כערכי אלופי ומידעי: אשר יחדו נמתיק סוד „Du aber, ein Mensch wie ich," — in gleichem Streben und Wollen mir verbündet, — „mein Freund und Vertrauter, die wir zusammen traulicher Zwiesprach' pflegen" [2]).

Ich erstrebe durch diese Worte keine Wirkung auf euer Gefühl, auf die weichen und zarten Stellen eures Herzens, die ich für mich ausbeuten möchte; ich gehe nicht darauf aus, das Tonzeug eurer Seelen in dieser dankbaren Stunde klingen und tönen zu machen, daß ich die Freude und den Triumph hätte, das ganze Haus in Rührung versetzt zu haben; ich mag nicht die mir von Vielen hoffentlich zugewandte Theilnahme nun hinaufschrauben und zu einem seelenbetäubenden Gefühlsrausche emportreiben, um diese Ueberschwänglichkeit der Stimmung als Beute davon zu tragen. Aber was ich euch schuldig bin und was ich mir schuldig zu sein glaube: daß ich gerechtfertigt und rein, verständlich und klar vor euch stehe, — das wäre mir der liebste Ertrag und die schönste Frucht dieser Stunde, die Gott uns segnen und zu ruhiger Einsicht uns gönnen möge!

———— —

In dem erhebenden Weihegesange, den wir durch das ganze Fest täglich unserem Gotte anstimmen, in dem Hallel, ist wohl eines der umfassendsten großartigsten Worte das Gebet:

---

[1]) Der Ausdruck entnommen aus 2. Mos. 33, 11. —
[2]) Pf. 55, 14f.

Pf. 115, 1.

לא לנו ה׳ לא לנו כי לשמך תן כבוד:

„Nicht uns, o Gott, nicht uns, sondern deinem Namen gieb Ehre!"

Das ist ein Ausspruch, wie ihn nur die tiefste religiöse Weihe
des Gemüthes hervorbringen kann, da zu reinem schlackenlosem Guß
und Fluß das edle Golderz der Seele an dem Feuer der Begeisterung
für Gott und seine Wahrheit sich geläutert. Das Wort kann nur
an den Wänden eines Herzens widerhallen, nur da zuerst erklingen
und tönen, wo jedes kleine Verlangen, jeder irdische Wunsch, jede
selbstsüchtige Regung untergegangen; wo der helle Strom göttlicher
Empfindungen Alles hinweggespült und in seine Tiefen versenkt hat,
was den Aether des Geistes trübt, der Seele Licht umflort und um-
zieht. Aber nicht bloß in den heiligen Schauern begeisterter Erhebung soll dies Wort uns als Mahnung und Aufruf wecken, nicht
nur in den einzelnen seltenen, für Manchen nie eintretenden Momen-
ten der Selbstentäußerung wie ein Drommetenton uns erschüttern, —
nein, es enthält das höchste und letzte Ziel, zu dem wir als Jisraeliten, als Bekenner der Gotteslehre, als Jünger und Lehrlinge Gottes und seines Wortes hinstreben sollen; es ist die Lebensregel, die
uns vorgezeichnet, der Kern und Mittelpunkt Dessen, was wir sollen.
עבדי אתה ישראל אשר בך אתפאר „Mein Knecht bist du, Jisrael,
dessen ich mich rühme"[1], — diese Bezeichnung gilt dem Propheten
als die höchste Ehre und das höchste und das schönste Diadem, womit
Gott sein Volk ehret und auszeichnet, wenn es sich in seiner Würde
und Bedeutung erkennt.

Und wer von uns wäre so des höhern Gefühles baar, hätte
so sich des Edelsten und Besten begeben, daß, indem er jenes Psalm-
wort mit Bewußtsein ausspricht, er sich nicht getrieben und aufge-
fordert fühlte, alle Pracht und allen Glanz des Unsterblichen in sich
aufzubieten und es zu einem Kranze heiliger Empfindungen zu flech-
ten, den er als Diadem — erlaubet mir das kühne gewaltige Bild
unserer alten Weisen! [2] — auf das Haupt Dessen setzen möchte, der

---

[1] Jes. 49, 3.
[2] Mischn. Taan. 4, 8: צאינה וראינה בנות ציון במלך שלמה בעטרה
שעטרה לו אמו ביום חתנתו וביום שמחת לבו ביום חתנתו זה מתן תורה
וביום שמחת לבו זה בנין בית המקדש.

über Alles ist erhaben, über alle Erdengröße und Macht, über alle Herrlichkeit und Pracht, über allen Glanz und alle Majestät; der aber in dem reinen, ihm sehnsüchtig zugewandten Verlangen und Sehnen der Seele seine schönste Feier und Verherrlichung findet?

Und sehen wir in die Geschichte Israels zurück, was Anderes ist der Grundzug und die Eigenthümlichkeit, die durch alle verworrenen und verwirrenden Fäden sich hindurchschlingt, als eben die Verwirklichung jenes Spruches? — Wie uns das Gebot Gottes dazu anleitet und erzieht, Ihn und nur Ihn in unserem Thun und Wirken auf Erden zu bezeugen und zu bekennen, daß der Gedanke an ihn unsere edleren Gaben und Kräfte erhebe, die unwürdigen Wünsche und Neigungen und Antriebe niederhalte; daß der Hinblick auf ihn uns über jede Trauer und Noth, jede Versuchung und Prüfung hinaushebe, jede Freud' und Lust, jede Gewährung und Erfüllung als ein Gnadengeschenk von ihm hinnehmen und in dankbarem Gemüthe genießen lehre: so hat der ganze Verlauf unserer Geschichte und unseres Bildungsganges diesen großen heiligen Ans- und Anspruch zum Inhalte, und dessen Erfüllung und Bewährung ist ihr Ehrenkranz und Schmuck. Wofür sonst spricht und eifert der Prophet als für die Verherrlichung Gottes, indem er Wahrheit und Recht, Reinheit der Seele und Lauterkeit des Wandels fordert, daß das Heil der Nähe und Gegenwart Gottes in Israel dadurch bekundet werde? indem er fordert, daß jedes eitle Streben und jedes selbstsüchtige Wollen, das den Menschen auf sich selber stolz und übermüthig macht, sich beuge und senke vor Dem, dem allein die Ehre gebührt und der Preis? Wofür rührten die heiligen Sänger Israels ihre Saiten, wovon tönte ihre Laute, was füllte ihnen die Seele und was strömten sie aus in des Liedes begeisterten Worten als die Ehre Gottes und seines Namens Ruhm? Wofür zogen die Helden und Kämpfer auf das Schlachtfeld und wagten unverzagt und freudigen Muthes den Kampf mit der Gewalt und Uebermacht, als für das theure Erbe, das ihnen geworden, das sie nimmer sich entwinden und entreißen ließen, das ihnen höher galt als das Leben, weil das Leben nur so lange für sie Werth und Bedeutung bewahrte, als sie ihrer Aufgabe leben und in deren Lösung und Ausführung sich bewähren konnten? Folget dem langen Strome der Vergangenheit durch all seine Krümmen und Windungen, durch seinen oft gestörten, oft getrübten Lauf: ihr werdet selbst in den Erscheinungen, die uns als verzerrt und verschroben vorkommen, diese Weihe und Heiligung, diese uneigennützige Hingebung

für Gott und seines Namens Verherrlichung wiederfinden. Dem
Auge der Liebe, wenn es aufmerksam hinblickt, wird auch in sonder-
barer Hülle und entstellendem Gewande die verwandte befreundete
Gestalt entgegentreten. —

Kann es nun wohl irgend eine Zeit geben, in welcher dieses Ziel
nicht als das höchste erschiene? Kann wohl ein Geschlecht auftreten,
das diese Ansprüche nicht als die allgemein und allein gültigen anerkennen sollte? Kann es wohl irgend eine Richtung geben, einen Wende-
punkt in dem Leben des Geistes, dem eine neue höhere Aufgabe, ein
edleres Ziel wird vorgezeichnet? — Es kann Zeiten und Geschlechter
geben, in denen das Gedränge und das Wirrsal einer Fülle auftau-
chender Erscheinungen und Gestalten den Menschen so in Anspruch
nehmen, so umringen und umdrängen, daß er in der Eile und Flüch-
tigkeit sich an sie hingiebt und jene ewigen Ansprüche vergißt und
verkennt. Es kann eine Richtung geben, die, solchen Erscheinungen sich
anschließend und bequemend, kurzsichtig genug ist, nur für das gerade
Herschende und Geltende das Wort zu nehmen und darüber das
Ewige und Unvergängliche zurückzustellen. Aber bleiben und herschen
muß dieser Gedanke, so gewiß als Gott ewig ist und waltet und des
Menschen Aufgabe ist, ihm zu dienen und ihn zu verherrlichen.

Und wenn eine Zeit gekommen ist, in der die Sorge um das
Irdische und Vergängliche, um die Welt und deren Lust, um den
Besitz und dessen Glanz, um die Geltung und Anerkennung nach
außen alle anderen Bestrebungen nicht aufkommen läßt: wenn eine
Zeit gekommen ist, in welcher der Mensch gebeugt und geknechtet,
niedergehalten und erdrückt wird von einer Last, die ihm das Leben
auflegt und die er sich selber noch schwerer und unerträglicher macht
durch Das, was er aus freier Wahl und Neigung noch hinzu thut;
wenn an Denen, welche die Verheißung empfangen sollten ואולך
אתכם קוממיות „Und ich lasse euch aufrecht einhergehen“ [1]), das
drohende Wort sich erfüllt הנה אנכי מעיק תחתיכם כאשר תעיק העגלה
המלאה לה עמיר „Siehe, ich drücke euch nieder, wie der Wagen voll
Garben niederdrückt“ [2]): welche Lehre werdet ihr da als die nöthige
und rechte, was werdet ihr als Das, was allein noth thut und
frommt, bei unbefangener Prüfung erkennen? Wäre es das Rechte,
wenn zu den Irrthümern, die das Leben mit so unwiderstehlicher
Gewalt euch aufzwingt, auch noch an heiliger Stätte — wohin ihr

---

[1]) 3. Mos. 26, 13. — [2]) Amos 2, 13.

wallet, um eures beffern Innern euch zu vergewiffern, um das im
Drange der Welt Verfäumte in fein geheiligtes Recht einzufeßen,
um an die vergeffenen Pflichten gemahnt zu werden — euch die
verderbliche Beftätigung eures Thuns dargeboten und euch gefagt
werde, daß ihr im Rechte feiet und in diefer Faffung eures Thuns
und Wirkens die lautere Wahrheit getroffen? —

Meine Theuren! Als mir vor acht Jahren gefagt ward: Wir
wollen in verftändlicher Rede Gottes Wort vernehmen, wir wollen
an Sabbat und Feft gemahnt und belehrt fein über Das, was fie
uns fein und bedeuten follen, fo habe ich diefes euer Verlangen fo
verftanden: Geh' hin, fei du uns Deß ein Dolmetfch! Rede und
lehre, wie du es erkannt und erfchaut haft! Deute du uns, was uns
nicht klar und verftändlich; erinnere du uns an Das, was wir fo
leicht vergeffen; führe du uns vor in würdiger Geftalt, was wir fo
oft in entadelter entwürdigter zu fehen bekommen! Hilf du uns die
Weihe und Wärme wieder gewinnen, die uns durch Vergeßlichkeit
oder Unkenntniß abhanden gekommen! — Das fchien mir die einzig
mögliche Bedeutung zu fein, die mit der Wiedereinführung der regel-
mäßigen gottesdienftlichen Vorträge in der Synagoge fich verbinden
ließ. Ich fah mich an als den Verwalter und Wächter eines heiligen
Schaßes, den ihr mir zur Hut und Wahrung anvertraut; mir war's,
als hättet ihr das Befte und Höchfte, als hättet ihr euer koftbarftes
Kleinod in meine Hand gelegt, als wolltet ihr davon Nichts vergeu-
bet und weggeworfen wiffen, da es vielmehr in feinem vollen Glanze
und feiner ungetrübten Lauterkeit dargeftellt werden follte. Ein hohes
Alterthum hattet ihr mir überantwortet, ein vergeffenes ungewür-
digtes überfehenes, das nach außen hin keine Geltung und Anerkennung beanfpruchen durfte. Denn was follte die Vergangenheit
Dem bedeuten, der auch der Gegenwart mißgünftig und feindfelig die
kümmerlichen Zugeftändniffe neidet, die die unabweisliche Macht des
Rechts und der Vernunft der krampfhaft geballten Fauft des mächtigen Vorurtheils abgerungen und abgedrungen? Was follte das
Leben, die Wiffenfchaft, der Geift, die Kenntniß, die Leiftung der
Geknechteten, der in die Winkel und Ecken Hinausgewiefenen, der aus
dem allgemeinen Verkehre Ausgefchloffenen, in welchem jede Kraft
fich bewähren, jedes Talent fich zeigen, jeder redliche Wille in feinem
angemeffenen Wirken und Streben fich offenbaren darf, — was für
Intereffe und Theilnahme follen deren noch fo denkwürdige Lebens-
äußerungen da haben, wo ängftlich und mit zager Vorausficht erft

erwogen werden muß, ob, wenn das Menschliche in uns menschlich geehrt und gewürdigt, nur in sein altes göttliches Recht eingesetzt wird, nicht ein Verrath an der Engherzigkeit, ein Raub an dem Zunftneide und eine Beeinträchtigung der alten Vorrechte, der verrosteten Privilegien begangen werde; ob es nicht ein zu großes Zugeständniß sei an den unaufhaltsamen Strom der Menschlichkeit und dessen gewaltiges Einherrauschen, wenn die ohnmächtigen Erdaufwürfe und die allmählich verwitternden Bollwerke und Dämme abgetragen werden, bevor sie schonungslos und ohn' Erbarmen weggespült werden! — Ihr hattet mir die Lehren eures Glaubens übergeben, daß ich an ihren Geist erinnere und sie in ihrem Gehalte erläutere, daß ich der jungen Gegenwart zeige, wie sie in ihnen sich zurechtfinden, an ihnen sich läutern und weihen solle, wie sie gelehrig zu den Füßen der Vorzeit sitzen und, mit horchendem Ohre und mit gespanntem Auge ihr zugewandt, die wunderbare Kunde der Vergangenheit hören und als theures Vermächtniß sich aneignen und bewahren solle. Die zum Bunde Gottes Gehörigen wollten sich ihrer alten Verpflichtungen neu bewußt werden und Maß und Ziel und Richtschnur ihres Lebens und Thuns von daher empfangen, von wannen sie den Vätern seit Jahrtausenden gekommen.

So dachte ich mir meine Aufgabe; so habe ich mein Lehramt angesehen. Ob ich es nach diesen Ansprüchen verwaltet, ob ich das Gewollte erreicht, ob ich den Willen zur That erhoben, dem Wunsch und der Absicht auch nur annähernd zugestrebt — das richtet Gott, der des Menschen Herz kennt und dessen Innerstes prüft, der aber mild und schonend auch die reine Absicht und den redlichen Willen gelten läßt, und wo das Maß des Geleisteten zu gering ist, es ergänzt und ausgleicht [1]). Aber den Maßstab, an dem ich mich gemessen wünschte, das Licht, in dem ich mein Thun und Wirken angesehen und beurtheilt wissen möchte, das hab' ich hiermit bezeichnet.

Ich glaubte aber nicht im Dienste irgend einer Partei oder Richtung zu stehen, glaubte nicht, der bezahlte Helfershelfer, der besoldete Augendiener der Gelüste und der Bequemlichkeit, der Eitelkeit und der thörichten Ansprüche Dieses und Jenes zu sein; ich glaubte nicht, daß das Gotteshaus die Stelle sei, wo von Allem eher die Rede sein dürfe, als von Gott und Dem, was er von uns fordert, daß das

---

[1]) Kidduſch. 40ᵃ. ‏מחשבה טובה הקב״ה מצרפה למעשה‎

Gotteshaus die Fortsetzung sei Dessen, was auf den Straßen ober-
flächlich geredet und an den Marktecken beiläufig verhandelt wird;
glaubte nicht, daß dort der Ton und Geist, die Art und Richtung
herrschen solle und müsse, die in den Tagesblättern, dem leichten
Schaume, der auf dem trüb bewegten Strome der Zeit fortgewirbelt
wird und uns oft widerwärtig wie ein Pesthauch anweht; glaubte
nicht, daß vor Denen, die in religiöser Gemeinschaft und zu gemeinsamer Belehrung und Erhebung sich an heiliger Stätte versammeln,
erst die Frage erörtert werden müsse, ob denn das Gotteswort zur
Beherzigung, die Gotteslehre zur Beobachtung, die Gebote Gottes zur
Ausübung uns gegeben sind; glaubte nicht, daß was Bequemlichkeit
und Unwissenheit, Schlaffheit und Ohnmacht des Geistes und Sinnes dem Einen als gleichgültig, dem Andern als lästig, — was
feiles feiges Kriechen und Ducken vor der Umgebung dem Einen als
Schmach und Schande, dem Andern als Thorheit und Wahn erscheinen ließe, einer andern Vertheidigung und Rechtfertigung bedürfe, als daß wir solche Unwürdigkeiten und Kleinlichkeiten in ihrer
Nacktheit und Blöße, in ihrer Armseligkeit und Leerheit darstellen,
daß wir die Geißel der ernsten Rüge darüber schwingen, um sie zu
bannen und zu scheuchen. — Von der Aufklärung und Helle des
Geistes, glaubte ich, müßte der Geist das Zeugniß geben, in dem gelehrt wird, nicht aber die Lockerheit der Grundsätze oder deren gänz-
liche Abwesenheit; von dem Lichte — das Streben, in dem Gottesworte den Ansprüchen der Wahrheit und Erkenntniß Genüge zu thun;
von dem Fortschritte — nicht die Entweihung und Verwerfung der
alten heiligen Verpflichtungen, sondern die sich mehr und mehr be-
währende Ueberzeugung, daß eine jede Zeit mit ihren wie sehr auch veränderten Ansichten, Bedürfnissen, Menschen, Kenntnissen und Neigungen doch in dem alten Gottesworte ihre Befriedigung und Tröstung
finden könne.

Und das Wort Gottes hat diese Macht bewährt; es hat uns —
o wie oft! — den Blick geschärft und erhellt, die Gegenwart verklärt
durch das Verständniß der Vergangenheit, uns die Zukunft erhellt
durch seine tröstlichen Hinweisungen; es hat sich uns der Geist offenbart, der darin waltet und wohnt; die Quellen, die darin strömen
und rauschen, haben uns getränkt und gelabt. Es ist seine Macht
und sein Reichthum, der auch in der ungeübtesten Hand sich bewähren, den auch das ungeübte Auge finden und entdecken kann. Ich
sehe mit Lust und Freudigkeit zurück auf die abgelaufene Frist meiner

hiesigen Wirksamkeit, — nicht als wenn ich in Dem, was ich geleistet, sie fände oder zu finden Grund und Fug hätte; mich erfüllt mit Freudigkeit und Lust die durch Gottes Beistand allein ermöglichte Thatsache, daß dem Verlangen nach Belehrung und Erläuterung so oft die erwünschte Gewährung und Erfüllung geworden. Ich sehe mit gleicher Freude, wie die Theilnahme für das Gotteswort in gleicher Kraft und Stärke sich bewahrt und bewährt. Es war nicht der Reiz müßiger Neugier, der seit der Eröffnung dieses Bethauses die Gemeinde versammelt hat; es war wohl nicht das äußerliche Wohlgefallen an den Reden, das Kinder und Greise, Männer und Frauen, Jünglinge und Jungfrauen hierher geführt: es war die Lust und der Wunsch, zu hören von dem Gotte Israels und von seinem Worte, zu hören von der Lehre Israels und ihrer heiligen Bedeutung. „Sie haben es verschlungen, das Wort, das sie gehört, und es ward ihnen zur Freud' und Lust" [1]). Mein Verdienst war es nicht und meine Kraft war es auch nicht. Ich habe mir wahrlich oft genug selbst nicht genügt, habe es oft gefunden, wenn ich sprach, daß ich nicht immer mit der freudigen Stimmung und Hingebung habe lehren können, die ich als meine Pflicht erkannt. Und wenn eine solche Lässigkeit im Dienste dem staubgeborenen Menschen, dem von so vielen Kleinigkeiten und Kleinlichkeiten umringten, zwar verziehen werden kann, immerhin aber tadelnswerth bleibt, so habe ich sie gebüßt in dem qualvollen Vorwurfe, den das Bewußtsein mit sich führt, seinem beßern Wollen und Wünschen nicht genügen, seinem eigenen Verlangen nicht gerecht werden zu können. Aber es hat bei alledem die Lust am Hören sich nicht vermindert, und so darf ich hoffen und mich Dessen getrösten vor meinem Gotte, daß das erweckte Verlangen ein bleibendes sein, die aufgethanen Pforten sich nicht wieder schließen werden. Dafür dir, mein Gott und mein Erlöser, den Preis und Dank, den Ruhm und die Ehre! לא לנו ה׳ לא לנו כי אם לשמך תן כבוד „Nicht uns, o Ewiger, nicht uns, sondern deinem Namen gieb Ehre"! — —

Das wollt' ich leisten, in diesem Sinne habe ich meinen Beruf aufgefaßt. Und was waret ihr mir? — Nicht Sold- und Brodherren, von denen ich mich abhängig fühlte, wohl aber Herren und Eigner meiner Kraft, denen ich das Beste an mir schuldig zu sein,

---

[1]) Nach Jer. 15, 16.

denen ich die aufrichtigste Treue und Theilnahme aus innerstem Her= zen widmen zu müssen glaubte.

Ich kann kein augenfälliges Zeugniß anführen, auf kein abge= schlossenes Werk hinweisen, das ich während der acht Jahre mei= ner Wirksamkeit in dieser Gemeinde ins Leben gerufen, auf keine That und kein Denkmal, das ich als ein unvergängliches mir gegründet. Aber Das kann ich in dieser ernsten Stunde mir be= zeugen, daß ich mit der Liebe und Innigkeit, die wir den Nächsten, uns durch die heiligen Bande des Blutes Zugehörigen als Ge= bühr und Zoll entgegen zu bringen pflegen, euer Wohl und Weh in nuerster Seele mit= und nachgefühlt habe. So habe ich nie und nirgends gefehlt, wo mir das Vertrauen und die Gesinnung der Führer und Leiter in dieser Gemeinde einen wenn auch geringen und bedeutungslosen Antheil an ihren Sorgen und Berathungen zum Wohle ihrer Brüder gegönnt; habe mit bereitwilligem Herzen, wo und wie es mir möglich war, Theil nehmen mögen an Allem, was mir zugetraut und zugemuthet wurde. Denn mir war das Wohl und das Gedeihen der Gemeinde, der ich gehörte, ein Gegenstand der Sorge und Sehnsucht, und in ihrem Frieden fand ich meinen Frieden.

Daß ich in dieser Hinsicht vielleicht nach dem Urtheile Mancher hätte mehr leisten können oder sollen, würde mir schwer aufs Herz fallen in dieser Stunde der Rechenschaft, wenn ich es nicht wüßte, daß ich von diesem Vorwurfe, wenn's einer ist, mich vor mir selber freisprechen kann. Hier ist am wenigsten der Ort und jetzt gewiß nicht die Zeit, darüber eine Einsicht und Verständigung zu vermit= teln. Aber was der edle Dulder von sich rühmte: אם לא בכיתי לקשה יום עגמה נפשי לאביון „daß er für den Unglücklichen und Lei= denden eine Thräne, für den Bedürftigen und Armen ein theilneh= mendes schmerzbewegtes Herz sich bewahrt" [1] — das darf ich einiger= maßen auch von mir sagen. Es ging mir tief in die Seele, wenn ich von Noth und Elend hörte, und es ist mir durch Gott und die menschenfreundliche Willigkeit mehrerer Edlen in unserer Mitte oft ge= gönnt gewesen, einen Schmerz zu lindern, ein Trübsal zu erhellen, die Wucht des zermalmenden Elends zu lindern und zu erleichtern. Das ist mir eine freudige Genugthuung in dieser Stunde; möge es

---

[1] Ijob 30, 25.

dereinſt mir auch Troſt und Labung ſein in der ſchwerern Stunde der Prüfung und Rechenſchaft! —

Soll ich nun meiner perſönlichen Verhältniſſe noch näher ge= denken und in engerem Bezuge auf mich, ſo weiß ich und kann es hier getroſt ausſprechen, daß ich wiſſentlich und abſichtlich Keinen ge= kränkt, Keinem zu nahe getreten; daß ich nie aus perſönlichen Grün= den, aus Rückſichten auf den eigenen Vortheil Etwas gethan oder gelaſſen oder mich in meinem Thun habe beſtimmen laſſen. Aber ich kann es mir nicht zum Vorwurfe rechnen, wenn ich — abſichts= aber auch rückſichtslos — hier einem Dünkel und dort einer Thorheit ein= mal unſanft entgegen getreten in der öffentlichen Rede; wenn Die, ſo in ſelbſtſüchtiger Verblendung die öffentliche Belehrung zur ſchmeich= leriſchen Erhebung ihrer thörichten Weiſe herabzuwürdigen gehofft, darin ihre Rechnung nicht gefunden; wenn vielleicht Einer und der Andere es mir nicht vergiebt, daß ich ihm oder Anderen über ihn die Augen geöffnet und das verderbliche Beiſpiel wenigſtens in ſo weit unſchädlich zu machen geſucht, als ich demſelben, ohne gerade die Perſon anzugreifen, das Brandmal der Verurtheilung aufdrückte. Ich ſegne die Stunde, in der Solches geſchehen, und rühme mich ſolcher Ungunſt und Abneigung als einer Ehre und einer Auszeich= nung. — — Mit dankbarer Freude erkenne ich es, daß ich mir Freunde und treu meinende, mir innig anhängliche Seelen gewonnen, die mir, dem Fremdling, vor Jahren liebreich entgegen gekommen und mir einen gleich wohlwollenden Sinn bis auf die heutige Stunde be= wahrt haben. Mögen ſie dem Entfernten und aus ihrem Kreiſe Entrückten nahe bleiben in geiſtiger Verbindung und herzlicher An= hänglichkeit!

—

Und nun nach dieſen Bekenntniſſen und Geſtändniſſen zum Schluſſe einige theilnehmende Worte, das Fortbeſtehen dieſes Bet= hauſes betreffend, in dem ich zuerſt das Wort der Lehre zu verkün= den ward gewürdigt! Mög' es auch fernerhin ſeine verſöhnende vermittelnde Stellung einnehmen, daß es die Stätte ſei, an der die Lehre Israels in reiner verſtändlicher Zunge, aber im Geiſte Is= raels, in jüdiſchem Geiſt und Sinne gelehrt und verkündet werde; daß es die Getrennten eine, die Entfremdeten heranziehe, die Ent=

(I und II bezeichnet den Band, die andere Zahl die Seite.)

א

ח

י

כ

*) Daf. Anm. 1 lies: Kibb. 30 b.

ל

ש

ת

Druck von Rosenthal u. Co. in Berlin, Auguststraße 80.